GRANDIR
AVEC SES ENFANTS

Nicole PRIEUR

GRANDIR AVEC SES ENFANTS

Comment vivre l'aventure parentale

•MARABOUT•

Le site <www.grandiravecsesenfants.com> permet de poursuivre la réflexion.

Sommaire

Introduction

Les parents sont inquiets, c'est que tout va bien !

D'emblée, c'est sous le signe des contradictions que nous découvrons notre enfant.

Au cours des secondes sublimes qui suivent sa naissance, des émotions contraires, métissées, nous habitent. Une joie se mêle à un léger vague à l'âme, un étrange mélange de peur et de bonheur s'empare de nous devant cet enfant à la fois si semblable et si différent, si dépendant et déjà récalcitrant, si fragile et qui pourtant s'impose très vite dans sa singularité.

Et toute son éducation ne va cesser de nous confronter à des paradoxes.

Nous devons à la fois marquer notre autorité et respecter l'autonomie de notre enfant. Nous devons imposer des règles et en même temps favoriser son indépendance. L'enfant a besoin qu'on reconnaisse ses demandes et il a tout autant besoin que nous n'y répondions pas totalement. Il faut faire des projets pour lui et accepter qu'il s'y oppose. Nous devons continuer à désirer notre enfant, même s'il n'est pas comme nous le désirons.

Bref, la relation éducative nous place toujours sur le fil d'un rasoir, dans une tension au sein de laquelle nous devons faire une chose et son contraire.

Comment les parents pourraient-ils ne pas se sentir démunis, perdus ? Les contradictions sont inconfortables certes, mais il est vain de chercher à les éliminer, nous risquons de perdre inutilement notre énergie. Cette réalité paradoxale est désormais inéluctable, elle est particulièrement mise à nue et renforcée par les transformations radicales actuelles de nos sociétés.

Le monde change ; si nous ne transformons pas notre façon de le penser, de l'appréhender, nous ne ferons qu'augmenter notre sentiment d'être déroutés.

Pour élever nos enfants, nous ne pouvons pas faire l'économie d'un changement radical.

Comment se préparer à cette aventure ?

Les repères s'estompent ! Inventons-en de nouveaux. Les modèles s'absentent ! Créons-en de plus adaptés. Nous devons de plus en plus souvent agir avant même d'avoir compris ! Libérons-nous de notre besoin de comprendre pour redonner du tonus à notre action et à notre créativité.

La réalité éducative est pleine de paradoxes, apprenons à les utiliser.

« C'est quand rien ne m'inquiète que c'est inquiétant », disait Schopenhauer.

Ainsi, si nous sommes inquiets, c'est que tout va bien ? Les parents iraient-ils mieux qu'ils ne le croient ?

Que ceux qui ne sont pas encore soucieux ne désespèrent pas, cet ouvrage va tout faire pour ouvrir en eux un déferlement fertile de questions.

Paradoxe oblige : c'est en puisant au cœur même de nos incertitudes, c'est en prenant appui sur nos doutes, c'est en faisant un bon usage de notre culpabilité et de nos angoisses que nous pourrons trouver l'énergie créatrice qu'elles véhiculent.

Cela implique que nous sortions de l'attitude de repli qui consiste à se protéger de nos inquiétudes, à rechercher des certitudes, à attendre des réponses, car cette frilosité ne peut conduire qu'à une pseudo-tranquillité.

J'ai trop de respect pour la souffrance des pères et des mères pour leur faire croire en de fausses assurances.

Au nom de ce respect, je vous propose de vous aider à traverser les affres de votre perplexité, à passer le gué de vos hésitations. Laissez vibrer les ondes des peurs qui vous habitent, afin de vous préparer à aborder les rives de l'inconnu. C'est à ce prix-là que vous pourrez atteindre des berges plus sereines. Pour savourer la plénitude d'être père et d'être mère, pour en apprécier aussi souverainement les joies, mieux vaut ne pas avoir peur de nos peurs.

Cessons de croire que nous pouvons les éviter, cessons de passer notre temps à vouloir nous en détourner, y échapper. Plus nous cherchons à esquiver nos peurs, à les évacuer, moins nous acceptons nos questions et plus nous augmentons notre malaise. Car, en réalité, nous nous coupons d'une partie de nous-mêmes. Dans cette lutte qui finalement n'est qu'une lutte contre soi-même, nous nous épuisons dans de vains combats.

Les craintes comme les espoirs font partie de nous, notre fragilité comme notre force nous constituent comme sujets, nos souffrances et nos joies nourrissent notre intériorité, c'est en acceptant les uns que nous pourrons faire advenir les autres.

S'initier aux paradoxes, c'est accepter d'emprunter des chemins déroutants et inhabituels.

Commençons par renoncer à notre besoin de réponses.

Ce livre, d'ailleurs, sera non pas un livre de réponses, mais de questions. Les réponses figent, modélisent, entretiennent un certain conformisme de pensée. De cela, il faut commencer à se libérer. Les réponses induisent un rapport particulier aux choses, elles inscrivent les individus dans une forme stérile et aliénante de dépendance.

Et puis, y a-t-il toujours une réponse ? Il me semble que non.

Pour autant, il y a toujours une solution. Et la solution, c'est le plus souvent une rencontre étrange et imprévisible avec l'inconnu.

Cette découverte de l'inconnu nous invite à un nouveau rapport au savoir.

Cessons de croire qu'il suffit de savoir pour être à l'aise dans la relation entre parents et enfants. Au cours du XXe siècle, les parents ont eu à leur disposition des théories fondamentales, essentielles sur le plan théorique. Mais, au quotidien, plus ils savaient, plus ils étaient culpabilisés de ne pas faire comme ils pensaient devoir faire.

Le « prêt-à-élever » n'existe pas, il serait dangereux de croire que les connaissances sont la clé de toutes choses.

Il ne suffit pas de savoir ce qu'il faut faire pour parvenir à l'appliquer, sinon, depuis le temps que l'éducation fait couler de l'encre, nous serions tous des parents parfaits ! Poser les théories comme des dogmes peut être tentant, mais cela nous prive de l'indispensable créativité dont nous devons faire preuve chaque jour avec nos enfants.

Il me semble important de rejoindre les parents là où ils en sont de leur propre parcours. Là où ils en sont de leurs incompétences, de leurs faiblesses, de leurs erreurs, en les libérant de la tyrannie des idéaux. Il y aurait à être rien d'autre que soi-même ; mais ce rien d'autre, c'est déjà tellement !

C'est avec ce que nous sommes que nous élevons nos enfants et, quoi que nous fassions, nous ne trichons ni avec nous-mêmes ni avec eux.

Et puis, ne faut-il pas cesser de s'attribuer un tel pouvoir sur nos enfants ?

La relation éducative est une alchimie dont personne

n'a encore trouvé la recette : les parents jouent un rôle essentiel, mais sans que nul ne sache vraiment tout à fait lequel. Qui peut savoir ce qui fait de l'enfant ce qu'il est vraiment : environnement, rencontres, médias ? Les enfants ont des ressources dont nous ne soupçonnons pas toujours l'étendue, elles leur permettent de rebondir après des épreuves difficiles, de pouvoir même se renforcer de nos erreurs.

Nous sommes responsables certes d'une manière indéclinable, mais nous ne sommes pas responsables de tout. La relation des parents avec leurs enfants est essentielle, mais elle n'est pas définitive. Cette expérience est primordiale, mais elle n'est jamais figée.

Alors, comment naviguer tout en gardant le bon cap, malgré les errances, les tempêtes ? Quelle direction faut-il prendre et conserver, pour ne pas être dans le flou, malgré la complexité des choses ?

Il est temps de considérer que ce ne sont pas seulement les enfants qui doivent grandir ! Et si, pour devenir parent, il fallait d'abord se préoccuper de notre propre croissance, de notre propre évolution ?

La relation éducative doit permettre aux enfants d'accéder à leur individualité, à leur singularité ; notre rôle de parents se définit comme devant ouvrir l'enfant à sa subjectivité, mais pouvons-nous y parvenir sans effectuer pour nous-mêmes ce cheminement ?

C'est en devenant nous aussi des sujets de plus en plus autonomes, indépendants, s'affirmant au plus près de leur singularité, que nous y conduirons nos enfants. La relation à notre enfant est ce lieu exceptionnel, exceptionnellement riche et difficile, fécond et ardu, qui nous permet de nous construire en même temps qu'on le construit. C'est au cœur de cette synergie que l'aventure parentale se trouve la plus passionnante.

En tant qu'êtres humains, nous avons cette terrible

chance de pouvoir toujours évoluer, de faire de notre vie un festival de rencontres nouvelles, un foisonnement de réalisations inattendues. Prendre place dans cette mobilité inhérente à la vie, c'est le meilleur service que nous puissions rendre à nos enfants ; et les différents problèmes qui se poseront à nous, comme son pipi au lit, ses refus de manger, ses difficultés scolaires, se coloreront différemment.

Par son développement, notre enfant nous ouvre aussi à un possible devenir, il remet en marche, il réactive nos propres processus de développement.

C'est en faisant de la rencontre avec notre enfant une rencontre avec nous-mêmes que l'on consolidera nos liens avec lui. C'est en advenant, nous aussi, à plus de richesse intérieure que l'on permettra à notre enfant de le faire. En prenant place nous-mêmes dans la vie, on permet à notre enfant d'inventer la sienne.

Élever notre enfant, c'est se mettre en marche vers notre propre humanité.

Être parent ne se résume pas à une question de fonctions, c'est avant tout une manière de vivre, une façon d'être. L'éducation ne se situe pas sur le seul registre de la construction de l'identité. Il faut se dégager de la tyrannie de l'ego pour s'ouvrir aux conditions de l'altérité, c'est-à-dire aux conditions de la vie avec l'autre. Élever nos enfants, c'est appliquer au quotidien une certaine philosophie de l'existence. La relation à notre enfant est le reflet de la façon dont nous nous arrangeons avec la vie, dont nous prenons place au cœur des paradoxes de la vie. Ce n'est pas seulement une affaire de psychologie. Il me semble important de décloisonner la réflexion sur l'éducation.

Ainsi, voici énoncés les trois mots clés qui nous accompagneront tout au long du chemin que nous ferons ensemble : le changement, comme inéluctable ; la relation, comme altérité ; et le respect de la vie érigé comme éthique.

Dans la mesure où l'éducation est une praxis, une expérience toujours singulière, inscrite dans une histoire familiale et individuelle toujours particulière et spécifique, les véritables experts sont les parents. Il me semble alors urgent de permettre à ces pères et à ces mères de se réapproprier leurs ressources, c'est-à-dire avant tout leur créativité, leur aptitude à innover.

Le but de cet ouvrage est que vous puissiez découvrir et mettre en actes votre potentiel imaginatif.

C'est vous qui connaissez le mieux la solution aux problèmes qui se posent à votre enfant. Mais vous ne savez pas toujours que vous le savez. Dans la plupart des cas, quand les difficultés ne sont pas pathologiques, il vous suffira de découvrir les outils opérants qui vous conduiront à cette découverte.

C'est à ce voyage que je vous invite.

Je vous propose, tout au long du chemin que nous ferons ensemble, des exercices, des mises en pratique ; des parties à jouer seul ou avec d'autres joueurs : vos enfants, l'autre parent, le compagnon qui élève votre enfant si vous ne vivez pas avec le père. Ces exercices sont une invitation à échanger au sein de la famille, de manière ludique. Ils devraient aussi vous aider à dédramatiser certaines situations. Vous pourrez ne faire que ceux qui vous tentent, y revenir un peu plus tard ; vous pourrez poursuivre la réflexion et vous exprimer sur le site Internet : grandiravecsesenfants.com.

Sans doute vous sentirez-vous proches de l'histoire de Pierre, ou bien de celle de Myriam, ou encore de celle de Sébastien. Ces évocations furent pour moi un moyen de rendre hommage à tous ces enfants, à tous ces hommes et ces femmes que j'ai croisés au gré de rencontres qui toutes furent importantes, et qui me permirent de découvrir

vrir la véritable richesse de l'échange. Par leur diversité, ces vécus évitent le piège des généralités.

Bien entendu, tout au long de ce livre, ma propre expérience de mère sera toujours là, sous-jacente et essentielle, j'allais dire prête à resurgir. Mes trois garçons ont tellement contribué à faire de moi ce que je suis, avec leur humour, leur tendresse, leurs remises en cause permanentes, leur ingéniosité, leurs différences, leurs révoltes, ils n'ont cessé de m'étonner. Vous vous en doutez, les soucis ne manquèrent pas, les nuits blanches furent fréquentes, et pourtant je garde en moi le goût d'une joie profonde, et une reconnaissance infinie pour ce qu'ils m'ont donné à vivre. Finalement, je les aime pour tout ce qu'ils m'ont permis de découvrir et de faire surgir de ressources insoupçonnées en moi ; je pense qu'eux se sont nourris de ce plaisir absolu que j'avais à être avec eux, malgré les quatre cents coups qu'ils ont pu faire, et, je vous prie de le croire, ce n'est pas une simple image !

Ma position de femme, aussi, sera sans doute présente. Mariée avec le même homme depuis de nombreuses années, est-ce le simple effet du hasard ? Nous avons passé tant de temps à parler, nous avons usé tant d'énergie pour instituer un respect mutuel.

Quoi que je fasse, je ne parviendrai pas à me défaire de mon expérience clinique de thérapeute d'adultes et d'enfants, qui m'amène à travailler au plus près des angoisses des uns et des souffrances des autres ; et encore moins de mon regard de philosophe, qui m'a peut-être permis de garder un certain sens de l'humour. Soyez cependant rassurés, de la philosophie j'ai tout oublié ; de la psychologie, je n'ai encore rien compris.

Grâce aux rencontres très riches que j'ai eu l'occasion de faire avec tous ceux qui m'ont formée – ou, pour leur rendre hommage, il vaudrait mieux dire déformée –, j'ai pu éviter de rester dans le consensus qui s'imposait, pour sortir d'un conformisme de pensée et exister dans une certaine désobéissance. Je tiens à ma liberté, par ailleurs douloureuse, de n'appartenir à aucune école, si ce n'est peut-être celle de la vie.

Pour être cohérente avec ce projet, mon rôle auprès de vous ne sera qu'éphémère, fugitif. Ma présence, à peine esquissée, ne demande qu'à se retirer, mon accompagnement n'a de sens que s'il s'estompe.

Bientôt, cet ouvrage sera le vôtre.

Et cette histoire sera la vôtre, celle que vous tisserez avec vos enfants et votre entourage, et ce que vous aurez lu ici n'aura plus aucune importance. Mon aide ne sera efficace que si elle s'efface ; que si elle se retire pour vous restituer votre énergie propre.

1

Désobéir, enfin !

Ces contradictions auxquelles nous n'échappons pas

Entre un passé qui ne sert plus de modèle…

Tous les jours, nos enfants inventent des comportements qui nous déroutent et nous laissent le goût amer de ne pas être tout à fait à la hauteur.

« Je suis complètement déconcerté par Guillaume, il me tient tête, il n'a aucun respect, il est insolent. Je ne sais pas répondre à cela. Moi, je ne me serais jamais permis d'affronter mon père comme il le fait », déplore Olivier.

Patricia, pour sa part, se sent dépassée : « J'ai trouvé l'autre matin le petit copain de ma fille dans son lit, très à l'aise. C'est moi qui me suis sentie gênée. Je n'ai pas su réagir. Je me suis excusée, ce qui est aberrant. Quand je pense que, moi, je craignais tellement mes parents que je n'ai jamais amené de garçon à la maison, avant mon mari. »

Liliane s'interroge : « L'autre jour, Lucile m'a sidérée, elle a tout juste cinq ans, elle m'a dit : "Quand est-ce que tu vas quitter Patrick, il est trop méchant avec toi, il te parle mal." Moi, j'ai toujours souffert des disputes de mes parents, mais je n'aurais jamais osé en parler avec eux. Elle est plus lucide que moi, comment l'empêcher de se mêler de ma vie ? »

Frédérique s'inquiète : « Je suis obligée de travailler parce que j'élève seule mon fils, Anthony, j'ai peur que cela crée un manque chez lui. Ma mère est restée à la maison, c'était chouette pour nous, quand j'étais petite. »

L'évolution de nos contextes de vie, la transformation des valeurs éducatives, l'hétérogénéité des structures familiales font que bien souvent ce que nous avons vécu avec nos parents ne peut pas nous servir de référent, de repère.

Nous ne pouvons pas être avec nos enfants comme nos parents l'ont été avec nous.

Ces pertes de modèles sont réelles et évidentes, mais suffisent-elles à expliquer le malaise si général des parents ?

Ce sentiment d'être perdus, démunis, me semble plus complexe, il serait le reflet de la position paradoxale des parents à l'égard de leur passé.

… et un passé dont il est difficile de se défaire

Nous ne pouvons pas puiser dans notre enfance des réponses aux questions nouvelles que nous posent nos enfants, et en même temps nous sommes pétris de notre enfance.

Nous ne pouvons pas reprendre à notre compte les modèles de nos parents et, pourtant, ce que nous avons vécu avec eux détermine, en grande partie, la manière dont nous allons être parents nous-mêmes.

L'éducation que nous avons reçue ne peut servir de guide, mais, cependant, la manière dont nous allons élever nos enfants sera largement imprégnée de la relation que nous avons eue nous-mêmes avec nos parents.

Nous ne pouvons pas nous servir de notre expérience passée, et en même temps ce passé nous colle encore terriblement à la peau. Cela suscite d'importantes ambivalences.

Admettons-le, les enfants nous déstabilisent, mais ne nous fascinent-ils pas aussi ? Le père de Guillaume reprend : « J'envie mon fils de pouvoir être libre ; moi j'ai mis tellement de temps à dépasser mes inhibitions et ma timidité. » Guillaume n'est-il pas devenu « dur », entre autres raisons, parce que son père l'a laissé fomenter, comme par procuration, une révolte qu'il n'a jamais osé mettre en place lui-même par rapport à ses propres parents ?

Patricia vacille dans ses certitudes et doute : « Ma fille évitera peut-être les erreurs que j'ai faites. Je me suis mariée sans vraiment connaître mon mari et, aujourd'hui encore, je me demande ce que je fais avec lui. » A-t-elle favorisé, implicitement, chez sa fille l'accès à la liberté dont elle-même avait rêvé ?

La mère d'Anthony poursuit : « Je ne me vois pas vivre comme ma mère. Elle ne s'est pas réalisée, elle a toujours été effacée devant mon père, elle a renoncé à beaucoup de choses pour ses enfants ; moi, je ne supporterai jamais ce qu'elle a supporté. » Et si Anthony a de l'asthme, est-ce parce que sa mère travaille ou bien parce qu'elle ne parvient pas à se détacher réellement du modèle de mère au foyer valorisé par toute la famille et auquel elle continue à se mesurer ? Elle a innové une nouvelle manière d'être mère, qui semble davantage lui correspondre, et pourtant elle se sent coupable de ne pas être comme toutes les générations de mères qui l'ont précédée dans la famille. Tiraillée entre ce qui fut et ce qu'elle fait, elle ne se légitime pas tout à fait en tant que mère.

Alors même que chaque jour nous inventons, bon gré mal gré, de nouvelles manières d'être père, d'être mère, nous ne les reconnaissons pas comme telles, nous ne nous légitimons pas comme parents, parce que les référents traditionnels continuent à demeurer le « mètre étalon » de l'éducation.

Nous nous sommes affranchis de certains modèles qui ne correspondaient plus à nos exigences, à nos aspirations, mais nous continuons à regarder les anciens avec une nostalgie culpabilisante.

Il n'est pas facile de se détacher de son passé.

Quelquefois, nous ne pouvons pas éviter les répétitions

« Je suis un enfant de divorcés, et j'en ai beaucoup souffert. Je pensais avoir tout fait pour éviter cela à mes enfants, et me voilà en pleine procédure de séparation », explique ce père effondré.

« Je suis issue d'une famille où les femmes ont dû élever seules leurs enfants : mon grand-père est mort relativement jeune ; mon père est parti sans chercher à nous revoir. J'attendais vraiment que Sébastien soit un père présent, pensez-vous, il est très pris par son travail, j'assume tout, toute seule, pour ce qui est de la maison et des enfants », déclare cette mère fatiguée, lasse.

« J'ai passé mon enfance à être le seul lien qui existait entre mon père et ma mère, j'ai mal vécu cela pendant très longtemps, et l'autre jour, je me suis surprise à dire à Dylan : "Si tu n'étais pas là, je divorcerais." Comment puis-je faire porter à mon fils à mon tour une culpabilité qui m'a fait tellement souffrir ? »

Nous pourrions tous évoquer des exemples de ce type, qui nous touchent plus ou moins de près. Nous nous heurtons tous à certaines choses qui résistent à notre volonté de changement.

Entre ce qui se transforme trop et ce qui ne se transforme pas assez, comment s'y retrouver ?

Notre bonne volonté ne suffit pas

C'est pourtant avec la meilleure volonté du monde que les parents du XXIe siècle, largement instruits des pièges de l'éducation, s'appliquent à ne pas confisquer l'histoire de leurs enfants. Ils veillent à ne pas demander à leur fille ou à leur fils de venir combler, compenser, effacer, réparer les manques de leur enfance.

Ils sont déterminés avec la sincérité la plus manifeste à éviter de vivre par procuration à travers leur progéniture.

Ils sont convaincus, pour l'avoir lu maintes fois, que la vie de leur enfant ne leur appartient pas et ne doit pas être le lieu de réalisation de leurs désirs personnels. Et pourtant…

Tant qu'il s'agit de reprendre à leur compte des principes théoriques fondamentaux, tout le monde est d'accord, tout va bien. Mais quand il s'agit de les mettre en œuvre, que de difficultés ! Que d'entraves ! Que d'imprévus !

Car en matière de relations humaines, il ne suffit pas de décider, de vouloir pour y parvenir. Nous faisons tous les jours l'expérience des milliers de freins intérieurs qui nous empêchent de vivre concrètement ce qui pourtant nous est cher.

Malgré les bonnes résolutions que nous prenons, nous sommes empêtrés dans nos ambivalences ; comme un puzzle, nous sommes nécessairement constitués de multiples pièces plus ou moins bien ajustées entre elles, qui s'entrechoquent, s'entremêlent ; nous sommes agités de conflits intérieurs, d'antagonismes. Nous aspirons à une chose avec notre tête, et en nous toute une partie de notre être résiste et nous conduit à faire autre chose.

C'est avec tout cela, inévitablement, que nous élevons nos enfants.

Entre ce que nous décidons avec notre raison, notre logique, et la réalité de notre existence, il y a tout le champ de nos contradictions. Et, il faudra bien l'admettre, elles sont inévitables. Moins nous les reconnaissons, moins nous les acceptons et plus nous risquons de nous trouver en porte-à-faux avec nos projets.

La relation à notre enfant est faite de paradoxes, elle est tissée d'ambivalences qui en constituent l'essence même. C'est le signe de l'humain.

Il faut cesser de croire que nous pouvons devenir des individus « totalement au clair » avec nous-mêmes, cohérents, pouvant tout maîtriser par l'effet de notre volonté. Cessons de passer notre énergie à entretenir des illusions qui nous déroutent encore plus. Les relations humaines, qu'elles soient éducatives ou autres, ne sont pas simples : plus on pense qu'elles pourraient l'être, moins on se donne de chances de les vivre dans leur richesse. Perdre cette illusion nous permettrait enfin de prendre la mesure de la complexité des choses, de les aborder dans leur profondeur, donc de pouvoir mieux les appréhender.

C'est en abordant l'aspect paradoxal de ce que nous vivons que nous pourrons mieux y prendre place, que nous nous sentirons moins dépassés.

Entrer dans la complexité des choses, c'est nous donner les moyens de saisir en quoi elles résistent. Ne nous contentons pas d'énoncer des concepts sans chercher à en dévoiler l'ambiguïté. Ne nous contentons pas de reprendre à notre compte des grands principes sans chercher à prendre la mesure de leur hétérogénéité.

Ainsi, on nous dit qu'il faut transmettre, certes, il s'agit d'une des données essentielles, peut-être première, de la relation éducative, mais revisitons ensemble ce concept pour en pénétrer la profondeur, découvrons l'épaisseur des processus mis en œuvre au cours des transmissions. Déjà, une première désobéissance s'impose : soulevons le voile des idées reçues et refusons un certain conformisme de pensée.

Changement de regard sur la transmission…

CES HÉRITAGES QUI SURGISSENT LÀ OÙ ON NE S'Y ATTEND PAS

Vous avez dit « transmission » ?

Le « je ne sais plus quoi transmettre » est devenu un véritable *leitmotiv* des parents. Certes, entre les valeurs auxquelles nous tenons et celles que nous parvenons à agir avec nos enfants, il y a souvent un hiatus frustrant.

Mais, à force de nous interroger sur ce que nous ne transmettons pas, nous ne regardons pas assez tout ce qui passe de nous vers notre enfant.

Nous transmettons beaucoup plus que ce que nous pensons parce que nous transmettons autrement que nous ne le concevons.

Tout ne passe pas par la parole, par la conscience, tant de choses transmises échappent à notre pouvoir, tant de choses dépassent même les limites de notre individualité… En tant que parents, nous avons finalement si peu la maîtrise de ce processus !

Ainsi, au gré des jours, nous faisons passer à nos enfants des milliers de choses de nous, dont nous ne pouvons pas toujours mesurer la portée et qui trahissent sans doute, malgré nous, quelque chose de la profondeur de notre être donc de son ambiguïté.

Ce qui circule entre notre enfant et nous ne correspond pas forcément à ce que nous aimerions partager avec lui. De la même manière chaque enfant va recevoir avec sa sensibilité particulière cet « héritage ». Aucun frère, aucune sœur d'une même fratrie ne s'approprie, n'intériorise de façon identique ce qui lui est donné.

Repérer un peu de ces résonances multiples qui se tissent entre nos enfants et nous aiguisera notre vigilance par rapport à ce que nous transmettons à notre insu.

Par ailleurs, la transmission ne constitue pas un temps à part, elle s'effectue à travers nos comportements les plus quotidiens, nos gestes les plus familiers, à travers la manière dont nous allons au travail, dont nous parlons de nos difficultés, dont nous occupons nos loisirs, dont nous pouvons réagir, rebondir après des épreuves, en un mot, la manière dont nous vivons. Elle ne se réduit pas à nos aspirations morales ni aux grands discours que nous tenons à nos enfants.

Voyages au gré des transmissions incertaines…

Nos émotions, comme écho de notre enfance

Inévitablement, quand nous regardons notre enfant, il éveille en nous l'écho de notre enfance, et les émotions d'hier se mêlent à celles d'aujourd'hui. Plus que n'importe quel être au monde, l'enfant est en lien avec l'histoire de chacun de ses parents. On ne peut éviter les résonances ; le savoir permet d'y être attentif.

Pierre vient d'entrer en CP. Depuis un mois, il a tous les jours de violentes crises de larmes devant l'école. Rien ne le calme, au point que ses parents ont renoncé à le laisser en classe.

Véronique se sent impuissante : « C'est comme si tout s'effondrait en lui, je n'arrive pas à arrêter ses pleurs. »

Benoît, son père, se préoccupe déjà de son avenir. « Il va prendre du retard dans ses apprentissages, ça me désespère qu'il n'aime pas l'école. » Il est lui-même enseignant.

Véronique s'était arrêtée de travailler à la naissance de Pierre et comptait reprendre le travail au moment de son entrée en CP.

On pourrait dire que Pierre s'arrange de cette manière pour retenir sa mère à la maison, et qu'il met son père en échec en ne répondant pas à son investissement sur la scolarité.

Ce ne serait pas faux, mais une fois que l'on a dit cela, comment désamorcer l'anxiété du père et la culpabilité de la mère ?

Entendons ce que Pierre a à nous dire : « La grande école, ça fait très peur à papa et à maman. »

Les émotions dans cette famille sont effectivement très intenses ; l'entrée en CP est un passage symbolique important et très investi.

Pour Véronique, cela implique une prise de distance douloureuse par rapport à son fils.

Benoît est impatient de voir son fils intégrer l'école, c'est une façon de se rapprocher de lui et de partager un peu plus de choses avec lui.

Pierre, pour sa part, doit apprendre non seulement à « entrer chez les grands », mais aussi à se séparer de sa mère, et à se rapprocher de son père.

L'entrée en CP de Pierre modifie la place de chacun par rapport aux autres et transforme quelque peu les relations à l'intérieur de la famille.

Il est donc normal que cela fasse des remous, mais pourquoi à ce point-là ?

Pierre est un enfant sensible ; il ressent les inquiétudes de ses parents, sans qu'elles aient eu besoin d'être dites explicitement par eux ; il s'en fait néanmoins le dépositaire.

Cela crée en lui comme un effondrement parce que cette confusion ne lui permet plus de reconnaître ses propres émotions ; il y a un tel amalgame entre la peur de sa mère et celle de son père qu'il ne parvient pas à identifier les siennes propres.
Il a peur des peurs de ses parents, il éprouve comme une perte de soi.
Qu'est-ce qui fait que les émotions de Véronique et de Benoît soient si envahissantes ?
Assez rapidement, ce père évoque les crises d'angoisse qu'il a eues lui-même en entrant en CP : « Je suffoquais, je ne retrouvais pas mon souffle, c'était comme un vide en moi ; il faut dire qu'à ce moment-là ma mère venait d'avoir un accident de voiture, et qu'elle fut hospitalisée pendant plusieurs semaines. »
Véronique enchaîne : « Moi, c'est mon entrée en maternelle qui fut pénible ; c'est à ce moment-là que ma mère reprit le travail, et j'ai eu du mal à le vivre. »

Par les émotions, nous transmettons à nos enfants nos peurs et nos joies, nos désirs, nos questions, nos peines et nos espoirs. Quelle que soit la structure familiale, que l'on soit seul à élever son enfant, dans une famille recomposée, dans un « couple classique », elles tissent au quotidien la matrice de la relation. Elles sont le véritable lieu fondateur et organisateur du lien que nous allons créer avec notre enfant.

Premiers regards, premiers sourires, premières caresses, à cœur perdu avec notre enfant...

C'est en le caressant avec une joie intense, c'est en riant avec lui, en jouant, en pleurant pour lui, en criant après lui, en souffrant de lui que nous devenons parents, et que l'enfant découvre quels parents il a.

Échanges imperceptibles, mais puissants, partages impalpables mais agissants, une grande part de ce que nous transmettons à nos enfants s'effectue au gré des émotions, à l'ombre des silences chargés de sens et de significations profondes. Une vraie communication s'institue, d'émotions à émotions, véritables histoires sans paroles.

Avant même d'en comprendre le sens, le bébé perçoit les connotations affectives de nos paroles. Très tôt, il reçoit les messages de notre colère ou de notre insouciance, et cela continue au fur et à mesure qu'il grandit. Les enfants sont beaucoup plus réceptifs que nous l'imaginons à un certain nombre de choses qui nous habitent sans même qu'elles soient dites, ce qui surprend bien des parents.

Précisément, reconnaître leur impact, entendre l'écho qu'elles ont sur nos enfants, ne pas se défendre de cette perméabilité, mesurer à quel point ils peuvent reprendre à leur compte quelque chose que nous vivons au plus profond de nous, dans le clair-obscur de notre être, c'est le meilleur moyen d'éviter les confusions possibles.

Tant qu'elles ne sont pas identifiées par le langage, tant qu'elles ne sont pas nommées, le risque de confusion est grand. C'est d'ailleurs ce que semble dire Pierre : « À chacun ses émotions ; laissez-moi vivre les miennes et assumez les vôtres. » Parler, à ce moment, permet de nommer ce que les corps ont saisi imperceptiblement.

> Charlotte, six ans, vient de se mettre en colère, d'une façon qui ne lui est pas habituelle, contre son père. Elle a refusé qu'il l'habille comme à l'accoutumée pour aller à l'école, elle ne l'a pas laissé s'approcher d'elle. Elle a eu une véritable crise de nerfs. Sa mère raconte : « La veille, Jean-François venait de m'avouer qu'il avait une autre femme dans sa vie, je suis persuadée qu'elle n'a rien entendu de cela. Ce matin, nous avons fait comme si de rien n'était. Non, ce n'est pas possible, elle n'a pas pu comprendre. »

Tant que nous sommes persuadés de cela, nous nous fermons à ce que nous disent les enfants de ce qu'ils éprouvent. C'est mésestimer la sensibilité extrême des enfants pour percevoir les messages qui émanent de nous et qui trahissent ce que nous pensons cacher. Sans doute, depuis quelque temps, y avait-il eu des signes avant-coureurs de cette situation : père plus absent, réflexions, inquiétudes sous-jacentes, regards, évitements, tensions, malaise… Ce matin-là, les visages étaient peut-être un peu plus crispés, à peine plus fermés, ses parents lui sont apparus un peu moins disponibles pour elle. Quand Charlotte se met ainsi en colère, sans doute ne sait-elle pas l'exacte situation, mais elle ressent le climat de quelque chose qui se brise, elle pressent la souffrance de ses parents. C'est cette impression à la fois indéfinie et certaine, à la fois imperceptible et réelle, latente et présente, qui génère une forte angoisse chez elle. Quand un enfant exprime un malaise, entendons ce qu'il a à dire de lui et de nous, à travers ce malaise.

Le risque de séparation l'inquiète, bien sûr, la peine de ses parents l'affecte, mais un enfant peut faire face à tout cela, il peut supporter des situations douloureuses à partir du moment où elles sont claires. Ce qui ajoute de l'angoisse à l'angoisse, c'est ce qu'elle ressent cela de manière confuse, sans que des mots soient dits. Sans s'étaler sur ses propres affects, mais aussi sans croire qu'on peut les cacher, il importe de signifier à l'enfant qu'on a entendu sa détresse, et l'aider à mettre des mots sur ce qui le touche et sur la situation qui se trame.

Nommer, cela permet de différencier, de mettre de la distance.

Nos racines les plus anciennes

En tant qu'êtres humains, nous sommes également la résultante d'une très longue histoire.

Notre façon d'être père ou mère est en partie déterminée par notre milieu familial et notre environnement socioculturel.

Bien avant la naissance de notre enfant, il préexiste toute une « archéologie » de la relation entre parents et enfants, selon l'époque où nous vivons, notre pays d'origine, ou d'accueil si nous sommes immigrés, nos groupes d'appartenance.

Chaque culture raconte comment, par exemple, il faut donner le premier bain au nourrisson, comment on porte un bébé, comment on le nourrit. Les gestes ne seront pas les mêmes s'ils sont effectués par une mère parisienne, libanaise, tahitienne…

« Dès la première toilette, le rituel est nourri d'esthétique et de sens où les mères expriment à leur insu leur propre idée du monde… L'enfant est placé dans des contraintes de développement, véritables tuteurs de sens[1]. »

Cette transmission culturelle, qui va influencer notre façon la plus intime de nous comporter avec nos enfants, s'effectue, presque malgré nous, à travers des milliers de gestes simples, quotidiens, qui véhiculent tout un ensemble de traditions. À travers les gestes les plus familiers, la transmission se glisse, structurant les liens au gré des jours.

Notre enfant se trouve ainsi relié à une histoire qui dépasse les seuls contours de l'histoire de ses parents, qui a à voir avec quelque chose de ses origines lointaines et ineffables. Ainsi se transmet le sentiment d'appartenance à un groupe beaucoup plus élargi que le seul groupe familial.

Chaque culture a une certaine représentation de ce

---

1. Boris CYRULNIK, *L'ensorcellement du monde*, Odile Jacob, Paris, 1997, p. 169.

que doit faire un père, une mère, un enfant, un oncle. En fait, nous devenons parents dans un monde structuré, qui va imprégner en nous un certain nombre de déterminants, auxquels nous n'échappons pas, et sans que nous en ayons nécessairement conscience.

Tout ne commence pas avec nous, notre identité est traversée par des milliers d'éléments transmis depuis des temps immémoriaux.

La transmission, ce n'est pas seulement une affaire qui concerne les parents et les enfants, elle déborde les limites de nos individualités. Tout n'est pas seulement concocté dans les tréfonds de notre cher moi.

Il est important de reconnaître cette dimension, car un individu accède à sa dignité d'être humain quand il parvient à se reconnaître comme appartenant à l'histoire d'un groupe qui lui a préexisté et qui lui survivra. Et plus une personne se sent enracinée dans ses origines, dans ses groupes d'appartenance, plus elle pourra y trouver, y puiser, s'enrichir des perspectives qu'ils offrent.

Ces corps qui se souviennent quand la famille veut oublier

Maxime, un adolescent de seize ans, consulte pour claustrophobie. Il ne peut pas prendre le train, encore moins l'avion, il est saisi par des crises d'angoisse difficilement surmontables. Troubles apparus vers quinze ans, mais prenant de l'ampleur depuis un an.

L'exploration du contexte familial, au bout d'un certain temps, a permis de mettre en évidence plusieurs éléments. Il porte en deuxième prénom celui de son grand-père, André. Entré dans la résistance pendant la dernière guerre vers quatorze ans et arrêté à seize ans en 1944, il eut la vie sauve grâce à un concours de circonstances. Dans le train qui l'emmenait vers les camps allemands, il eut la dysenterie. Il fut abandonné pour mort et recueilli par un couple de paysans rhénans qui le soigna. À la fin de la guerre, il rentra chez lui alors que ses parents le pensaient mort. Très proche de son grand-père, Maxime avait l'impression que jamais cet épisode ne lui avait été vraiment raconté. André n'évoquait jamais ses souvenirs de guerre. Maxime avait-il pressenti quelque chose de l'angoisse des trains chez ce grand-père qui l'emmenait souvent en vacances avec lui, avec qui il partageait de nombreuses passions, dont il était assurément le « petit-fils préféré » ? Quoi qu'il en soit, Maxime n'entendit explicitement le récit des événements qui permirent à son grand-père d'avoir la vie sauve que très tardivement, vers dix-sept ans ; c'est un oncle qui lui en parla. Il fit immédiatement le rapprochement avec ses angoisses. Hasard des rencontres ? Interrogea-t-il cet oncle au moment où il se sentait prêt à entendre quelque chose qui le reliait inconsciemment à son grand-père ? Cet oncle-là pressentait-il qu'il fallait enfin expliciter un événement qui encombrait la mémoire de la famille et n'avait jamais pu être raconté jusqu'à présent, lui-même l'ayant entendu de quelqu'un d'autre que de son père ? En tout cas, tout se passe comme si Maxime avait pressenti inconsciemment cette histoire puisque, d'une certaine manière, il l'avait reprise à son compte et l'avait répétée.

Il aura fallu que Maxime mette des mots sur toute une histoire transmise dans le non-dit pour s'en libérer.

L'enfant reçoit donc également en héritage des éléments d'une mémoire familiale, faite de secrets, de drames, mais aussi heureusement d'anecdotes cocasses, et qui lui parviennent par d'autres membres de la famille que ses parents. La manière dont chaque enfant va recevoir certains éléments, va les investir, constitue la matrice de sa singularité. Aucun membre d'une même famille ne sera sensible aux mêmes événements, ne les mémorisera avec la même émotion, et cette façon particulière de s'approprier une part de l'histoire commune le différencie des autres. Il ne suffit pas que nous vivions la même histoire pour partager les mêmes choses. Chaque membre d'une même famille va recevoir, interpréter différemment l'histoire familiale, et se l'appropriera d'une manière spécifique.

Un symptôme peut apparaître, plusieurs générations après, chez l'un des membres de la famille. Son corps dira sa souffrance avant même que les maux ne s'érigent en mots. Véritable production familiale, il est alors important de repérer ce que l'enfant porte en lui de cette mémoire familiale.

Là encore, la transmission ne concerne pas seulement les parents. La mémoire familiale met en relation nos enfants et d'autres membres de la famille ; ainsi, Maxime s'est trouvé particulièrement en résonance avec un grand-père et un oncle. Ces mises en lien possibles avec d'autres personnes que ses parents vont permettre à l'enfant de multiplier les rencontres, d'ouvrir les processus d'identification, et de dénouer certains problèmes.

L'enfant, héritier des alliances familiales

Cette mémoire familiale ne se contente pas d'influencer ce qui se passe à l'intérieur du psychisme d'un individu, elle structure et organise aussi les interactions et les relations entre les membres d'une même famille ; elle peut définir, attribuer des places et des fonctions particulières à chacun.

> Pénélope est une adorable « petite fille modèle », elle a six ans, elle travaille très bien à l'école, elle est obéissante, sage. Un rêve, pour ainsi dire. Cependant, je suis très inquiète pour elle.
>
> Elle n'a jamais vu ses grands-parents maternels, alors

même qu'elle passe tous ses mercredis après-midi et ses samedis avec ses grands-parents paternels, car son père et sa mère tiennent un commerce accaparant.
Du côté de son père, il y a des oncles, des tantes, des cousins, des cousines, tout le monde se fréquente, s'entend bien, tout va bien dans le meilleur des mondes... Mon inquiétude s'amplifie...
En effet, qu'en est-il de sa famille maternelle ?
C'est le trou noir, le rideau de fumée le plus absolu... silence total.
Son père et sa mère sont en plein conflit avec eux, conflit qui s'est déclaré après la naissance de Pénélope, à la suite de circonstances difficiles à démêler. Depuis, cela ne fait que s'amplifier ; les procédures juridiques se succèdent, les grands-parents maternels de Pénélope faisant valoir leur droit de visite.
La maman de Pénélope ne voit plus aucun de ses frères et sœurs, a rompu tout lien avec sa propre famille ; les raisons de cette rupture sont évidemment complexes, nous ne nous y attarderons pas. Ce qui est important ici, c'est de constater à quel point les relations entre les parents de Pénélope et leurs propres parents impliquent l'enfant dans des enjeux qui la dépassent.
En quoi est-ce grave, si par ailleurs Pénélope donne des signes d'un bon équilibre ?
Cet équilibre est bâti sur une fiction, sur un secret qui est en train de se constituer. En effet, la mère de Pénélope me prévient avant que je ne la rencontre pour la première fois : « Elle croit que mes parents sont morts, me dit-elle. Mais vous savez, cela ne la préoccupe pas. Elle ne nous pose aucune question, visiblement cela ne la tracasse pas. »
Comment une enfant aussi intelligente que Pénélope, aussi curieuse de tout, peut-elle avoir intégré l'interdit des parents au point qu'elle ne pose aucune question sur la famille de sa mère ? Le fait qu'elle ne cherche pas à savoir, alors que par ailleurs elle pose des questions sur des milliers de sujets, peut nous faire supposer qu'elle a perçu que quelque chose ne pouvait pas être exprimé. Son absence

de questions ne signifie pas nécessairement qu'elle ne se préoccupe pas de cette partie de la famille. Elle marque peut-être le fait que Pénélope reprend à son compte la nécessité de se taire. Si, pour l'instant, elle se conforme aux désirs de ses parents, si pour l'instant elle entre dans ce qu'ils attendent d'elle, restera-t-elle longtemps muette sur tout le pan de la filiation maternelle ? Que fera-t-elle de ce secret ?

Cela constitue comme une amputation d'une part d'elle-même, cela n'est jamais anodin dans la construction identitaire ; mais ses parents sont tellement mobilisés dans le conflit qui les oppose aux grands-parents qu'ils ne peuvent entendre ce risque-là. Alors qu'ils sont par ailleurs des parents attentifs, aimants, ils impliquent leur fille dans des enjeux familiaux qui ne la concernent pas directement, mais qui auront peut-être des conséquences sur elle…

Nous devenons parents dans un groupe familial où se nouent et se dénouent, à l'abri des mots quelquefois, des alliances entre différents membres, des coalitions, des rejets. Tout un jeu relationnel est institué, dans lequel nous allons impliquer notre enfant, plus ou moins à notre insu.

L'enfant peut à son tour agir sur ces situations, il n'est pas qu'un récepteur.

De la même manière que les enfants sont sensibles aux émotions de leurs parents, ils perçoivent avec une acuité toujours étonnante les jeux relationnels mis en œuvre dans la famille, ils ont une intelligence extrêmement fine des situations et peuvent nous aider à les renforcer, à les entretenir ou à les faire évoluer.

Au moment où Isabelle apprend qu'elle attend son deuxième enfant, son mari lui annonce qu'il part vivre avec une autre femme. Elle ne lui parle pas de sa grossesse. Fortement ébranlée par cette rupture, elle ne parvient pas à prendre acte de l'arrivée prochaine d'un deuxième enfant. Elle cache sa grossesse à tout son entourage et ne consulte aucun médecin jusqu'à son huitième mois. Chose étrange, alors même qu'elle continue à travailler, que sa famille est très présente autour d'elle, personne ne remarque son état. Comme si son entourage ne se sentait pas prêt à aborder quelque chose de trop douloureux pour Isabelle. D'autant que ses parents avaient été opposés à son mariage avec cet homme plus âgé, quelque peu violent, et le divorce leur paraît être finalement une bonne chose. Personne ne voulait voir… sauf sa petite fille de six ans, qui débloqua un matin la situation : « Comment on va l'appeler, mon petit frère, tu ne crois pas qu'il faut commencer à préparer sa chambre ? »

Nous ne savons pas à partir de quand cette petite fille avait repéré l'état de sa maman, mais ce qui est étonnant, c'est de voir qu'elle a aussi pressenti qu'elle ne devait pas le révéler trop tôt, qu'il fallait qu'elle préserve pendant un temps le secret de sa mère.

Dans ces enjeux mis en place avant lui, au sein de sa famille, l'enfant peut alors avoir tendance à se donner un rôle à jouer. Si, dans le cas de la fille d'Isabelle, elle permit un dénouement libérateur pour tous, quelquefois, les enfants, se donnent des missions ou des fonctions qui les entravent dans leur existence pendant de nombreuses années et dont ils ne peuvent se défaire qu'à l'âge adulte.

« Quand j'étais petite, j'ai toujours voulu défendre mon père contre ma mère, j'ai toujours eu besoin de le protéger, et j'ai l'impression que ce rôle-là me colle encore à la peau dans mes relations aux hommes », déplore cette femme de quarante ans.

« Mes parents ne s'entendaient pas ; mon père était violent, et très autoritaire, j'ai longtemps souffert pour eux. Au milieu de cela, j'étais le porte-parole de mes frères et sœurs, il faut toujours que je me donne le rôle de Zorro. Quand mon père est mort, j'ai arrêté des études qui semblaient pourtant prometteuses pour aider ma mère à faire face. À présent, j'ai trente-cinq ans et le sentiment que je n'ai jamais réalisé vraiment ce que je voulais. Alors que ma mère s'est remariée, que mes frères et sœurs ont tous des enfants, qu'est-ce que j'ai construit ? Je me sens terriblement seul », raconte cet homme.

Repérer que la famille n'est pas seulement un « cocon », mais qu'il s'y joue des enjeux relationnels impliquant l'enfant, peut permettre précisément de ne pas le laisser s'installer à une place qui n'est pas la sienne.

Tous ces héros familiaux…

La mémoire familiale structure donc les relations entre les différentes générations, entre plusieurs membres d'une même famille, même s'ils ne se sont pas connus. Elle véhicule aussi l'image de personnages mythiques qui vont servir de supports d'identification.

Fugitive, presque impalpable, cette mémoire peut resurgir plusieurs dizaines d'années après.

Qui n'a envie de ressembler à cette superbe aïeule qui trône en crinoline sur la cheminée et dont la vie dorée connut des rebondissements cocasses ? Dans quelle famille n'y a-t-il pas des références plus ou moins discrètes sur cette cousine, portrait absolu de la grand-tante qui passait son temps à dire du mal de tout le monde ? Qui ne veut surtout pas porter le prénom de cet oncle qui eut tellement de malheurs ? Et quand on évoque la tarte Tatin ou le clafoutis de tante Maryse, gare à toutes les cuisinières qui ne lui arrivent pas à la cheville !

Dans toutes les familles, il y a des références à des personnages mythiques qui, présents ou absents, organisent de manière plus ou moins implicite le jeu des identifications et des contre-identifications : tel oncle qui a fait fortune et a « réussi », auquel on voudrait que notre petit dernier ressemble, telle grand-mère réputée « joueuse », et à qui surtout il ne faudrait pas que les filles de la famille ressemblent...

Ainsi, un enfant qui ressemble à un grand-père décédé précocement, ou porte le prénom d'une grand-tante infirme ou d'une aïeule ayant un trait particulier, peut se retrouver dépositaire de leur histoire sans même les avoir connus. Il peut être, par les mystères de la transmission, chargé d'entretenir l'âme, le souvenir de cet ancêtre, ou de réparer son existence, sans que rien n'ait été formulé explicitement par un membre de la famille. Cela peut l'amener à développer davantage en lui tel ou tel aspect de sa personnalité.

Ces personnages emblématiques sont un moyen de véhiculer les valeurs centrales autour desquelles les familles peuvent trouver une cohérence.

> Séverine a toujours entendu vanter le fait de « ne jamais rien demander à personne ».
> « Dans la famille, nous nous sommes toujours débrouillés tout seuls. Ma mère a été veuve très tôt, elle a préféré faire des ménages plutôt que de demander quoi que ce soit aux autres, explique sa mère. Nous n'aimons pas nous plaindre et nous étendre sur nos malheurs. »
> « Mon frère, poursuit le père, a eu beaucoup de mérite : ma famille était pauvre, il n'a pas pu faire d'études quand il était jeune, il a dû travailler et reprendre des études en même temps. »

Tout cela est respectable. Mais quand cette petite fille eut des difficultés de socialisation à l'école, n'arrivant pas à se faire d'amis, au point d'avoir besoin d'une aide thérapeutique, elle eut bien du mal à y adhérer, à y participer, car cela la mettait en porte-à-faux avec les valeurs familiales. Et, paradoxalement, au moment où elle accepta l'idée qu'une aide extérieure pouvait être utile et ne remettait pas nécessairement en danger la cohésion familiale, elle se trouva délivrée d'un sacré poids, et elle commença à s'ouvrir davantage.

Les mythes trouvent aussi quelquefois à s'incarner à travers des rituels, par la tradition, par exemple la façon dont sera organisé tel ou tel repas de fête...

Ils définissent les croyances, les superstitions propres à chaque famille, et délimitent les territoires symboliques du « chez nous », et du « chez vous », régissant les règles entre le « dedans » et le « dehors ». Cette mémoire véhicule tout un ensemble de savoirs propres à la famille, accumulés génération après génération, tout un corpus de savoir-faire, tout un code de conduites qui s'érigeront en règles d'une manière plus ou moins implicite.

Éléments essentiels de la cohésion interne à la famille, ils sont appelés à évoluer cependant à chaque génération, pour ne pas verrouiller, bloquer la croissance de chacun.

Ainsi, une mémoire familiale bouge, évolue, se transforme sous l'influence et la personnalité de chaque membre : un secret peut se forger ou bien être révélé ; des alliances peuvent se renforcer ou se défaire ; des fâcheries peuvent s'apaiser ou se durcir. Cette pierre apportée à l'édifice de l'histoire familiale contribue à donner à chacun le sentiment qu'il est important, qu'il est acteur et que la famille gardera en elle la trace de son existence. Cette mémoire vive, et toujours vivante, contribue à donner du sens à la vie des individus.

L'histoire d'une famille s'écrit à travers des liens qui se font, se défont, se refont. Elle se transmet, mais en même temps elle se transforme ; chaque génération est appelée à introduire une part d'innovation au sein même de la tradition nécessaire au sentiment de permanence. Une histoire familiale figée sclérose au contraire les relations à l'intérieur de la famille. Si rien ne peut changer, les individus peuvent se sentir entravés dans leurs aspirations personnelles. Ainsi, une famille évolue au sein de forces contraires, entre innovation nécessaire et transmission.

Dans la famille de Jacques, la religion fut toujours prépondérante. Or, lui-même est devenu athée, il a cependant envie de transmettre un certain nombre de valeurs à ses enfants et souhaite leur donner une culture religieuse. Donc, avec sa femme, ils ont pris l'habitude de réunir familles et amis les soirs de Pâques, de Noël, de la Pentecôte… Et ils évoquent au cours de ces soirées, de manière laïque, la signification et le symbolisme de ces fêtes. Il leur arrive, à d'autres moments, de lire, de citer des textes bibliques, l'Ancien et le Nouveau Testament, le Coran, en laissant à chacun le soin de mettre ce qu'il veut sur les évocations de Dieu.
Ce fut pour eux une manière de transmettre tout en apportant leur touche personnelle et en permettant aux enfants de ne rien fermer.

Ces transformations ne sont pas toujours faciles, mais elles se jouent également sur des rituels qui peuvent paraître plus anodins.

Ainsi, dans la famille de Murielle, les anniversaires avaient mauvaise presse, personne n'aimait les fêter. Or les enfants les attendaient bien sûr avec impatience. Elle inventa un rituel qui fit l'unanimité des générations : celui dont on fêtait l'anniversaire recevait bien entendu des cadeaux, mais il devait à son tour en offrir un, d'une très faible valeur, à tous les invités du jour. Les dîners devenaient alors très festifs, car ces « petits cadeaux » étaient souvent des façons de tourner en dérision les uns ou les autres. Telle mère reçut un livre « pour cuisinière nulle », tel frère reçut un marteau pour l'inviter à casser sa tirelire plutôt que d'aller « piocher » dans celle des autres.

Trahison, dites-vous ?

Myriam a sept ans, elle ne parle pas, elle a du mal à s'intégrer à l'école et à acquérir les apprentissages de son âge, la lecture et l'écriture, alors qu'elle a un bon potentiel intellectuel.
Myriam est d'origine malienne. Elle est l'aînée d'une fratrie de trois enfants. Son père et sa mère sont venus en France quelques mois après sa naissance. Ils ne savent ni lire ni écrire, et parlent mal le français. Le père travaille. Ces parents s'inquiètent particulièrement, car ils voudraient que leur fille s'intègre. Ils comptent beaucoup sur elle. Son mutisme leur fait craindre qu'on lui ait jeté un mauvais sort.
En fait, Myriam se trouve coincée. Son père et sa mère souhaitent le plus sincèrement possible qu'elle aille à l'école, mais en même temps elle ne s'y sent pas autorisée, car en faisant cela elle introduit un changement tel que la cohésion de la famille peut paraître en danger ; lire et écrire, ce serait en savoir plus que la génération de ses parents et grands-parents.
L'acquisition de la langue française peut être perçue comme une trahison à sa culture d'origine, comme une rupture par rapport aux mythes fondateurs, d'autant plus qu'elle est une fille.
Son père peut se sentir destitué de son rôle. Il ne correspond plus à l'image traditionnelle du père : celui qui détient les savoirs et les transmet.
Dans son exil de la parole, Myriam met en symptôme le difficile vécu de la migration parentale ; elle risque de devenir trop étrangère, trop différente de ses parents ; sa croissance ne se fera qu'au prix d'une certaine déloyauté par rapport aux mythes familiaux.

Favoriser le développement de cette enfant, c'est lui permettre, à partir de la spécificité de ses racines, de prendre en compte les conditions nouvelles de son environnement culturel.

Si cela est particulièrement douloureux pour les familles immigrées, n'avons-nous pas tous, en ce début de siècle, à trouver notre place aussi dans un monde que nous ne comprenons plus tout à fait, qui peut paraître à bien des égards insensé, que nous avons à découvrir et à redécouvrir au fur et à mesure qu'il se transforme radicalement ? Les innovations dans tous les domaines, qu'elles soient technologiques ou non, ne cesseront pas de sitôt de modifier la configuration de nos contextes de vie. Internet, la téléphonie mobile, les découvertes en génétique, les progrès acquis en procréation médicalement assistée, et tellement de choses encore, nous placent dans un autre rapport à la communication, à l'autre, à la vie, à nous-mêmes. Inévitablement, cela introduit une rupture de sens, et nous vivons au quotidien sans véritablement savoir où nous allons, et vers quel monde nous conduisons nos enfants. Nous devons préparer nos enfants à un avenir que nous avons du mal à prévoir.

Notre rôle de parents nous place au carrefour d'un avenir angoissant et d'un passé dont nous ne pouvons pas nous détacher tout à fait.

Encombrés, mais aussi riches de notre existence, entravés mais instruits de notre expérience, nous nous trouvons face à deux tâches complémentaires et antagonistes : nous avons à la fois à transmettre et à innover.

Devant le millénaire qui s'ouvre, nous nous trouvons pris d'une manière extrêmement aiguë dans cette tension paradoxale.

Nous sommes garants de la tradition qui permettra l'enracinement indispensable de notre enfant dans sa mémoire familiale et culturelle, et nous sommes aussi responsables d'un temps nouveau, d'un futur qui se présente à bien des égards comme une fracture radicale par rapport à ce que nous avons connu. Nous devons assurer une permanence, au sein même de ce qui se présente comme discontinu.

Comme de véritables prestidigitateurs, nous sommes amenés à transfigurer les déterminants du passé auxquels nul n'échappe en énergie, pour bâtir l'avenir de notre enfant. Pour ne pas se priver des richesses fabuleuses de notre époque, pour éviter à tout prix le repli nostalgique sur nos acquis, nous devons faire le tour de passe-passe qui consiste à transformer nos dépendances en libertés.

Cela ne va pas sans conflit de loyautés, mais avons-nous réellement le choix ? En tant que parents, pouvons-nous faire d'autre choix que celui de l'avenir ?

Le pari du futur s'impose, il nous ouvre au foisonnement extraordinaire des possibilités offertes par notre époque, mais il s'effectue nécessairement dans un abandon de certaines choses du passé.

> Dans cette famille, tous les hommes avaient été artisans joailliers. Adrien s'engagea dans une autre voix, qui lui convenait mieux. Même si cela fut unanimement plébiscité, il eut à faire le deuil de cesser une activité qui se transmettait de génération en génération.

Cet abandon de quelque chose du passé familial ne peut se faire sans douleur par rapport à ce qui est perdu. Mais cette douleur, nous la devons à nos enfants. Pour ne pas confisquer leur croissance, nous avons une part de déloyauté à assumer par rapport aux générations passées.

Peut-on grandir sans trahir ? Devenir parents, serait-ce se préparer à désobéir ?

Programme pour une désobéissance annoncée…

EXERCICE Nº 1
À CHAQUE FAMILLE, SON HIST[illegible]

1. À partir du génogramme de Pierre, essayez [illegible] le vôtre, (voir génogramme ci-après).
   Le génogramme n'est pas un simple graphiqu[illegible] permet aussi de repérer les jeux relationnels qui c[illegible]culent dans les familles et qui impliquent plusieurs générations, les processus d'identification circulaire, susceptibles d'enfermer certains enfants dans des répétitions qui peuvent les priver de leur histoire propre.
2. Repérez les prénoms (premier, deuxième ou troisième) qui se sont transmis d'une génération à l'autre, que constatez-vous ? Observez-vous des ressemblances, des coïncidences ? Est-ce seulement l'effet du hasard ?
3. Essayez de repérer les personnages mythiques de votre famille ; que savez-vous d'eux exactement ? Qu'est-ce que vous appréciez dans ce personnage ou au contraire qu'est-ce que vous n'aimez pas ? À qui aimeriez-vous que votre enfant ressemble, à qui n'aimeriez-vous pas qu'il ressemble ?
4. Quelles sont les traditions de votre famille qui vous semblent les plus particulières, les plus spécifiques, comment vous êtes-vous arrangé pour les perpétuer ou les transformer ?
5. Réfléchissez à ce que vous avez l'impression d'avoir introduit comme nouveauté, comme changement dans votre famille. Comment cela s'est-il passé ? Lequel de vos deux parents a-t-il été le plus résistant aux changements ? Si vous avez des frères et des sœurs, ont-ils introduit d'autres innovations ? Comment s'y sont-ils pris ? Avez-vous souffert de la rigidité de vos parents ? Quelles autres choses auriez-vous aimé faire évoluer ? Pourquoi cela n'a-t-il pas pu bouger ?

Le génogramme de Pierre

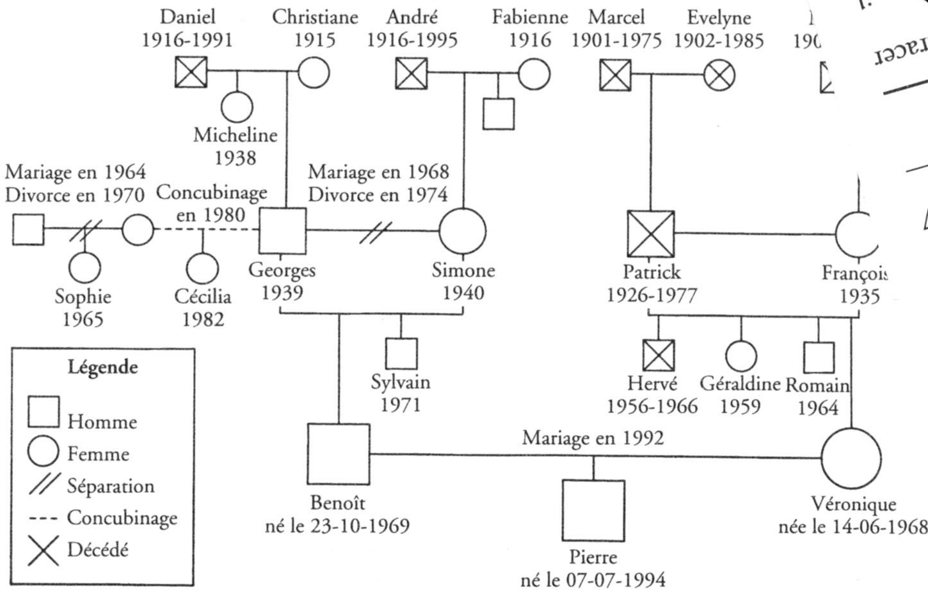

6. À présent, amusez-vous à demander au père de votre enfant[1] ou à votre compagnon de faire l'exercice avec vous et confrontez vos points de vue.
   Qu'avez-vous appris l'un de l'autre, qu'avez vous découvert dans vos histoires respectives ?
7. Vous pouvez aussi, selon l'âge de vos enfants leur demander de faire leur génogramme, sous la forme ludique d'un arbre généalogique, qu'ils peuvent décorer, compléter par des photos, peindre ; laissez alors émerger les questions qu'ils ne manqueront pas de vous poser. S'ils n'en posent pas, ne vous réjouissez pas trop vite ; quand ils auront compris le but du jeu, ils se rattraperont.

Grandir avec nos enfants

En devenant parent, nous n'en restons pas moins les enfants de nos parents

Quel parent n'a pas été pris de rage, n'a pas explosé, a pu retenir son calme quand, à trente, quarante ou cinquante ans, devant son fils de trois ans, sa fille de douze ans, son adolescent en pleine crise, il s'est entendu dicter par son cher père ou sa chère mère ce qu'il devait faire ? Cela commence souvent par « Tu fais comme tu veux, mais… Je n'ai pas de conseils à te donner, mais… Tu sais ce que tu dois faire à ton âge, mais… », pour se poursuivre par des reproches avérés :

« Tu ne crois pas qu'il faudrait surveiller les fréquentations de Marine ? À son âge, on ne te laissait pas sortir autant. »

1. S'il ne vit pas avec vous mais que le dialogue demeure possible, faites les différents exercices proposés avec lui. Si vous vivez avec quelqu'un, demandez à votre compagnon de bien vouloir les faire avec vous.

« As-tu pensé à inscrire Raphaël au judo ? Ce serait bien ; toi, tu avais commencé bien plus tôt. »

Qui apprécia les moqueries déclenchées chez les enfants, lorsque des souvenirs précieusement oubliés refaisaient surface au chœur de commémorations assassines ?

« Tu ne devrais pas t'inquiéter si Yoan est nul en orthographe ; de toute façon, cela ne peut pas être pire que toi. »

« Arthur pique des colères, ça lui passera ; ne te plains pas, c'est un enfant de chœur par rapport à ce que tu étais. »

Bien entendu, aucun de ces grands-parents ne se mêle de quoi que ce soit ; ces réflexions, ces insinuations ne sont émises que dans le seul but de nous aider… au cas où nous ne saurions pas faire face !

La toute nouvelle indulgence des grands-parents, leur étonnante patience à l'égard de leurs petits-enfants nous sidèrent et nous irritent bien souvent, en ravivant les plaies de notre enfance, que la vie n'a pas toujours permis de cicatriser.

Quand bébé arrive, nous devenons parents, mais pour autant nous n'en demeurons pas moins les enfants de nos propres parents. Notre position d'enfant nous colle encore terriblement à la peau.

Mais inutile de chercher à « raisonner » ces grands-parents qui résistent à nous voir grandir. C'est à nous et à nous seuls de faire ce qu'il faut ! Un devoir de changement s'impose à nous.

À nous de prendre notre place !

Au-delà des simples anecdotes, et sans que nous y prenions garde, la relation que nous entretenons avec nos propres parents va colorer d'une certaine manière celle que nous allons avoir avec nos enfants ; et surtout, c'est à travers la manière dont ils nous voient évoluer avec nos parents qu'ils se représenteront qui nous sommes, quels parents ils ont.

Daniela a été fille unique. Sa maman a toujours été pleine d'attentions envers elle, son mari, ses enfants : elle les a aidés financièrement, elle prend ses petits-enfants en vacances, avec beaucoup de gentillesse, sans avoir l'air de s'imposer. Le mari de Daniela, relativement occupé par son travail, ne s'est pas opposé à une situation qui finalement l'arrangeait bien. Cette attentive sollicitude de sa belle-mère évitait que ses absences ne pèsent trop sur sa femme, qui se trouvait finalement toujours protégée, ou prise en charge par quelqu'un. Petit à petit, Daniela avait oublié de devenir indépendante et ne faisait rien sans demander l'avis, toujours très pondéré, de sa mère. Dans cette famille « unie », où l'amour et les bons sentiments régnaient, on aurait pu s'attendre à ce que tout soit tranquille.

Or, Sarah, leur fille aînée, âgée de seize ans, donnait de plus en plus des signes de malaise. Désintérêt pour l'école, en même temps qu'elle se rendait de plus en plus insupportable à la maison, insolente, n'acceptant aucune règle ; elle sortait, rentrait tard le soir, refusant de donner quelque explication que ce soit, fumait.

Il faut dire qu'elle avait toujours joué un rôle protecteur, elle avait littéralement pris sous sa coupe, presque sous son autorité, sa petite sœur, âgée de douze ans. Elle a joué depuis sa naissance un rôle de véritable petite mère.

Moins sa mère se défaisait de sa position de petite fille vis-à-vis de sa propre mère, plus Sarah se sentait implicitement autorisée à prendre du pouvoir sur sa sœur cadette. Moins ses parents s'émancipaient de l'influence de la grand-mère, moins elle pouvait les reconnaître comme parents. Tout se passe comme si elle ne pouvait légitimer comme autorité un père et une mère qui étaient restés dans la même position que des enfants par rapport à cette si charmante grand-mère.

Le fait que Daniela soit restée dans la dépendance de sa mère, et que son mari ait conforté cette situation, peut induire chez Sarah l'idée qu'ils appartiennent à la même génération qu'elle. Il manque comme un maillon à l'enchaînement des générations, les parents et leurs filles sont restés en quelque sorte les enfants de la grand-mère.
Outre une confusion dans les repères temporaires et identitaires de cette adolescente, elle a peut-être à un moment donné perdu aussi ce qui avait justifié jusqu'à présent sa place dans la famille. Au fur et à mesure que sa petite sœur grandissait, elle refusait le « contrôle » que Sarah exerçait sur elle. En outre, elle qui n'avait jamais ressenti véritablement l'autorité de ses parents ne supportait pas qu'ils « commencent maintenant à se mêler de ses affaires ». Ainsi, au même moment, elle perd le « pouvoir » qu'on lui avait laissé prendre sur sa petite sœur et elle doit faire face à un contrôle nouveau de la part de ses parents.

Quand on laisse un enfant prendre une place fictive qui n'est pas la sienne, quand on maintient une confusion dans le niveau hiérarchique des générations, quand on montre à quel point nous sommes restés les enfants de nos parents, comment voulez-vous être respectés comme autorité ?

Pour pouvoir dire non à ses enfants, pour pouvoir s'imposer à eux, il faut d'abord pouvoir dire non à ses propres parents.

Nous ne pouvons pas dire à nos enfants « Grandis ! » pendant que nous, nous restons des enfants par rapport à nos parents.

Pour que nos enfants nous respectent, il faut qu'on s'en donne les moyens, c'est-à-dire qu'on accède enfin à une véritable distanciation par rapport à nos parents.

Nous nous donnons des chances d'être reconnus par nos enfants comme des référents, comme les supports d'identification dont ils ont besoin, quand nous transformons notre relation à nos parents. Pour être légitimés par nos enfants comme parents, nous avons en effet à modifier nos liens, nos dépendances par rapport aux générations passées.

Ce sera en faisant évoluer au fur et à mesure notre propre position d'enfant par rapport aux générations antérieures que nous tiendrons réellement notre place de parents.

Ne nous faisons aucune illusion, ce n'est pas facile, mais si libérateur !

La croissance de nos enfants est une véritable chance pour grandir nous-mêmes, c'est-à-dire nous émanciper d'un certain nombre de lourdeurs de notre passé.

C'est en faisant de l'éducation de notre enfant un rendez-vous avec nous-mêmes que nous trouverons l'énergie, l'allant, le désir de poursuivre cette aventure exigeante et passionnante.

Avez-vous envie de vous y préparer ?

Nous libérer des regrets de notre enfance

Pour cela, il n'est pas toujours nécessaire ni utile d'aller débusquer l'inconscient enfoui dans notre passé, nous pouvons déjà commencer par changer le regard que nous portons sur notre enfance.

C'est le présent qui est le lieu du changement. Commençons par porter un autre regard sur notre enfance, c'est-à-dire changeons la représentation que nous avons de cette période de notre vie.

Il est évident qu'on ne change pas de passé, mais on peut sans cesse le voir différemment. Pour qu'elle ne soit pas sclérosante, ni nostalgique, notre enfance peut être lue et relue d'une manière toujours renouvelée.

Il ne s'agit ni de jeter notre passé aux orties, ni de

nous y fixer avec nostalgie, mais de nous ouvrir à d'autres aspects de cette période de notre vie. Ce nouveau regard effectué dans le présent peut libérer les forces vives que contient notre enfance et qui ont souvent été confisquées, enkystées dans des renoncements douloureux dont il faudra bien faire le deuil, en devenant adulte.

Notre enfance est un réservoir d'émotions, de rêves, de désirs, de souffrances, de joies, elle est un formidable terreau fertile, qui peut servir de point d'appui pour ouvrir de nouvelles perspectives, mais elle est aussi inévitablement un frein à l'innovation.

> « Ma mère ne s'est jamais occupée de mes devoirs, je me souviendrai toujours, le jour où j'étais fière de mon dix en récitation, je voulais la lui réciter, elle me dit : « Oh, plus tard. » Je me suis retrouvée bête avec mon cahier dans les mains et mon sourire aux lèvres », raconte cette jeune mère encore blessée.
>
> « Il n'y en avait que pour les garçons ; moi, c'était comme si j'étais la dernière roue du carrosse, mon père ne m'a jamais emmenée faire du sport. Pour lui, une fille, ce n'était pas intéressant », explique avec rage cette femme qui a tant de mal à avoir des enfants.

Quelquefois, nous avons tendance à réduire la relation que nous avons eue avec nos parents à ces regrets-là.

Le plus souvent, nous souffrons de ce qui n'est pas advenu. Notre souffrance est liée à ce qui n'a pas pu avoir lieu, à ce qui ne s'est pas accompli au cours de notre enfance.

Ces attentes, plus ou moins formulées, restent littéralement en souffrance en nous, enfouies dans une part de nous-mêmes, blessée, qui s'enferme dans la plainte et le ressentiment.

Accepter qu'il ne s'est pas passé ce qu'on attendait nous permet d'accéder à l'inattendu de nous-mêmes.

Il vient un moment où nous devons prendre notre courage à deux mains pour effectuer ce travail de deuil. Nous le devons à nos enfants. Ces renoncements vont nous permettre de libérer ce potentiel qui s'est endormi, qui est resté tapi dans les regrets de l'inaccompli. Cela évitera que nous attendions que nos enfants viennent réparer les frustrations de notre enfance.

Quand nous sommes parents, nous n'avons plus le droit de nous perdre en regrets, ni d'attendre quelque chose qui ne peut pas ou plus venir, nous avons à puiser dans ce qui ne s'est pas réalisé la force de créer une vie qui nous ressemble.

Grandir, ce serait alors transformer l'inaccompli en désir ; c'est puiser dans ce que nous n'avons pas pu faire alors la force de le faire à présent si nous le désirons toujours. Nous libérer des regrets mortifères qui nous rattachent indéfiniment au passé, qui nous poussent à répéter inlassablement, de façon à pouvoir réaliser au fur et à mesure que les années passent ce que nous sommes véritablement au fond de nous, à devenir de plus en plus fidèles à nous-mêmes.

Comment faire de notre enfance non plus la justification de notre détresse, de notre malheur, mais le lieu de l'émergence infinie de nos désirs, le jardin fertile d'un potentiel encore insoupçonné, encore inaccessible, qui ne demande qu'à être éveillé en nous et à se réaliser quel que soit notre âge ?

Voir grandir notre enfant : une chance à saisir

Dominique a trente-huit ans ; à l'adolescence de sa fille, elle ressent bien qu'elle a du mal à canaliser l'impulsivité, l'agressivité de Cécile. Elle est d'ailleurs très démunie par rapport à ses réactions. Elle explique, en effet, qu'elle-même avait été la petite dernière de quatre garçons plutôt turbulents et qu'elle avait finalement trouvé sa place en étant « la plus sage, la plus obéissante », ce qui lui permit de concentrer sur elle les regards les plus doux et les plus aimants de ses parents. Elle n'eut pratiquement pas de conflits avec eux, elle s'arrangeait pour ne leur demander que ce qu'elle pouvait obtenir d'eux.

Longtemps, le fait de rentrer dans le désir des autres, de répondre à ce que les autres demandaient ne la gêna pas ; son mari également trouva pendant plusieurs années qu'elle était plutôt facile à vivre, et cela convenait à tout le monde. Mais, au fur et à mesure qu'elle voyait sa fille grandir, elle ne supportait plus d'avoir tu ses propres besoins, au point quelquefois de ne plus vraiment savoir ce qu'elle désirait réellement. Elle avait fini par se perdre elle-même, à force d'avoir répondu présente à toute la famille, sauf à elle-même.

De son côté, Cécile, à son adolescence, ne supportait pas cette image de femme qu'elle jugeait « trop docile », elle n'avait pas envie de s'identifier à cette mère, qu'elle rejeta fortement.

C'est sous l'impulsion des conflits avec sa fille que Dominique apprit elle aussi à s'imposer, à ne plus accepter tout et n'importe quoi de la parole des autres. L'adolescence de Cécile a mis en mouvement chez cette femme une volonté de s'affirmer. Sensible et fine, elle avait compris que cela était nécessaire pour sa fille, et elle était prête désormais, elle aussi, à prendre le chemin de son autonomie, c'est-à-dire à se libérer de l'enfant sage qu'elle pensait encore devoir être…

Au fur et à mesure que les enfants grandissent, nous avons plus de temps libre pour nous ouvrir à nos propres désirs, à notre propre existence.

L'adolescence des enfants est souvent un moment de crise pour les parents. Ils sont poussés alors à changer sans y être préparés. C'est comme une nouvelle chance pour eux.

Ils s'aperçoivent que désormais nul ne peut grandir à leur place et que, s'ils ne font pas eux-mêmes ce qu'ils ont toujours eu envie de faire, ils prennent le risque d'une perte d'estime de soi.

Exercice n° 2
Transformer notre position d'enfant par rapport à nos parents

---

1. Quand vous pensez à votre propre enfance, quelles émotions les plus fortes demeurent en vous ? Certains événements ont-ils été particulièrement marquants ? Rappelez-vous lesquels et leur cortège d'émotions. Dans quelle mesure ce vécu a-t-il pesé sur l'un de vos enfants ? Comment vous sentez-vous par rapport à ces émotions d'enfant dans votre vie d'adulte ? D'y repenser aujourd'hui, qu'est-ce que cela vous fait ?
2. Quand vous étiez enfant, quelles étaient les relations que vous aviez avec votre père, avec votre mère ?
3. Depuis la naissance de votre premier enfant, qu'est-ce qui a changé, qu'est-ce qui n'a pas changé, par rapport à chacun de vos parents ?
4. Dans vos relations actuelles avec votre père, votre mère, qu'est-ce qui demeure pesant pour vous, toujours difficile à vivre et à supporter ? Si vous parveniez à changer cela, qu'est-ce que cela pourrait vous apporter comme soulagement ? Quelle nouvelle position pourriez-vous prendre pour que les choses changent ? Il ne s'agit pas d'attendre que vos parents « bougent », mais de transformer votre attitude personnelle, à vous, et de maintenir suffisamment de temps vos changements pour que les relations avec

vos parents finissent par devenir plus souples, moins douloureuses.

☐ Peut-être le changement ne peut-il pas se faire parce que vous n'êtes pas encore prêt à transformer une certaine forme de liens avec vos parents... Ne désespérez pas, la suite de la lecture vous sera sans doute utile.

UNE MISE À DISTANCE PLUS DIFFICILE QU'IL N'Y PARAÎT

Lorsque nous devenons adultes, les liens que nous continuons à avoir avec nos parents revêtent des formes subtiles ; nous ne soupçonnons pas toujours les dépendances que nous entretenons longtemps encore après être partis de chez eux. Si grandir c'est perdre le besoin d'avoir besoin de nos parents, comment y parvenir ?

Renoncer à l'amour idéal de nos parents

Nous portons tous, au plus profond de nous ou bien à fleur de peau, la déchirure de cet amour du père, ou de la mère, trop ou trop peu reçu ; le regret de ce regard qui toujours nous manqua, de cette reconnaissance qui jamais ne vint à la hauteur de ce que nous espérions.

En tant que thérapeute d'adultes, je suis régulièrement confrontée à cette blessure toujours ouverte, à cette recherche toujours douloureuse, quel que soit l'âge, d'une reconnaissance parentale. Jamais cet espoir d'un amour idéal, voire absolu, de notre père ou de notre mère ne nous quitte véritablement.

Le bruissement de cette perte frémit toujours en nous.

Nous attendons longtemps, trop longtemps que notre mère, notre père puissent nous voir comme on voudrait qu'ils nous voient, qu'ils acceptent ce que nous devenons.

« J'ai toujours attendu, et j'attends encore que mon père me parle comme à une adulte », me disait récemment une femme de cinquante ans avec beaucoup d'émotion.
« Mon père n'a jamais cru en moi, il ne m'a jamais dit que j'étais belle », disait cette femme de quarante-trois ans, en proie à un profond doute d'elle-même.
« Ma mère ne m'a jamais aimé, elle ne m'aimera jamais comme j'ai besoin qu'elle m'aime ; ça lui est impossible, il faut que j'arrête d'attendre cela d'elle. » C'est quand il put enfin l'exprimer qu'Albert se sentit libéré de cette quête, qui l'avait brisé jusque-là.

Alors même que nous pouvons faire face à de nombreuses responsabilités professionnelles, alors même que nous pouvons mener une vie de femme, d'homme, à peu près libérée, nous n'en demeurons pas moins dans l'attente ou la demande d'une secrète approbation émanant de nos parents.

Anna, cinquante-deux ans, a eu un parcours plutôt réussi sur les plans tant familial que professionnel. Et pourtant elle doute toujours d'elle, ne se sent jamais à la hauteur, et ce doute la fait souffrir profondément. Il arriva un temps où elle put percevoir et nommer ce qui la blessait.
« Il y a une partie de moi qui ne cesse de juger l'autre ; c'est la petite fille en moi qui veut toujours répondre à la parole de sa mère et qui estime que ce qu'elle fait n'est pas suffisant pour pouvoir mériter l'amour de sa mère et la reconnaissance de son père. Alors j'exige, j'exige beaucoup de moi, et malgré tout ce que je réussis objectivement, malgré cette exigence terrible que j'ai de moi, j'ai le sentiment que je n'en fais jamais assez ; c'est terrible ce que je vais dire, mais j'ai l'impression que je me libérerai de cela quand ils seront morts ; la pression de leur demande à mon égard retombera et me libérera. »

C'est toutefois de leur vivant qu'Anna finit par se libérer de la tyrannie de la femme parfaite qu'elle avait l'impression de devoir être pour mériter leur amour. Quand elle cessa de faire peser sur elle l'étau de leur jugement supposé ou réel, elle devint plus souple à l'égard de son mari et de ses enfants.

Tout se passe comme si nous ne nous autorisions pas à être ce que nous sommes, sans nous préoccuper de ce que nous aurions dû être pour nos parents.

Longtemps nous ressentons le poids d'une demande parentale, sans qu'on puisse réellement savoir si elle a été formulée ou non, et le sentiment de ne pas pouvoir y répondre nous laisse longtemps le goût amer de les avoir déçus, donc de ne pouvoir être aimés en retour à la hauteur de ce qu'on attendait, nourrissant une mésestime de nous, une mauvaise image de nous.

« Je me sens redevable, je voudrais que mes parents voient que je suis heureuse ; pour eux, la meilleure preuve serait que je me marie et que je fonde une famille », explique cette femme de près de quarante ans qui ne parvient pas à vivre en couple ni à avoir d'enfant.

Plus elle veut faire plaisir à ses parents, moins elle s'approprie son existence, moins elle se réalise.

Les comptes que nous croyons devoir rendre à nos parents nous empêchent d'accéder à ce que nous sommes. Plus nous cherchons à répondre à leur demande, plus nous risquons de confisquer le bonheur présent.

Ingrid, trente-huit ans, originaire de Norvège, est venue en France pour « suivre » son mari. Mais elle ne peut se détacher du regret de ce qui n'est pas advenu : « J'aime la vie que j'ai ici, mais, si j'étais restée là-bas, est-ce que je n'aurais pas eu une brillante carrière ? Il y a une part de moi qui est restée là-bas, qui ne peut pas grandir. Quand je pense à la Norvège, j'y pense comme si tout était resté figé et comme si le temps s'était arrêté l'année où je suis partie, comme si on m'attendait toujours là-bas. J'ai l'impression d'avoir trahi mes parents et ce qu'ils espéraient de moi, alors garder en moi un peu de l'enfant que j'étais, c'est une façon de ne pas les quitter. Mais, ajoute-t-elle avec émotion, ça n'a fait que figer le temps, j'ai l'impression que pendant tout ce temps-là je ne me suis pas autorisée à être heureuse. C'est comme si une part de moi était confisquée et m'empêchait d'apprécier ma vie présente. »

Il faudra bien l'admettre, quoi qu'on fasse, nous ne serons jamais l'enfant idéal que nos parents attendaient qu'on soit ; quoi qu'on fasse, il faudra supporter leur regard déçu, et accéder à une certaine indifférence par rapport à ce regard et à cette reconnaissance.

Tant que nous cherchons à répondre *de* nous à nos parents, il ne nous est pas facile de répondre *à* nos enfants. Tant que nous restons dans l'attente du regard de nos parents, il nous est difficile de regarder notre enfant.

Longtemps, le regard de nos parents nous a portés, nous a construits, nous a amenés là où nous en sommes, a fait de nous ce que nous sommes, et qu'il faudra bien finir par accepter. Or, à un moment donné, nous avons besoin de nous en défaire. Notamment pour pouvoir tourner vers nos enfants, à notre tour, ce regard qui les contiendra, qui les portera, qui les accompagnera sur le chemin de leur accomplissement. Pour que nos enfants nous reconnaissent comme points d'appui pour leur croissance, il faut leur montrer que nous pouvons nous passer du soutien de nos parents.

Pour que notre parole puisse être entendue par nos enfants, reconnue, il faut qu'elle se soit libérée de l'écho que nous gardons en nous de la parole de nos parents.

Cela ne peut se faire que dans un arrachement.

Imaginez que vous êtes des trapézistes, imaginez que

vous êtes en train de lâcher votre premier trapèze, imaginez cet instant où vous êtes suspendus dans le vide avant d'avoir pu vous raccrocher au second trapèze.

Le doute, l'incertitude, la peur ne peuvent pas ne pas vous saisir ! Mais c'est à ce prix qu'on prend le relais et qu'on accomplit notre rôle de parents.

Peut-être faut-il avoir éprouvé cette ineffable solitude de l'être humain pour pouvoir nous ouvrir à l'autre, à cet autre qu'est notre enfant.

La désobéissance comme signe de respect

À un certain moment, pour ne pas nous trahir nous-mêmes, nous avons à désobéir à nos parents. Ne plus rester sous le mandat qu'ils nous ont assigné, plus ou moins implicitement, sinon on risque aussi d'entraver l'accès de notre enfant à son histoire propre.

> Agnès, vingt-neuf ans, et Patrick, vingt-cinq ans, consultent pour leur premier fils, un beau bébé de huit mois : Fabien a des troubles du sommeil, difficultés d'endormissement, réveils en pleine nuit, cris, pleurs. Ses parents ne parviennent pas à le calmer, se sentent dépassés, épuisés, et finissent par dormir à tour de rôle dans la chambre du bébé, pour laisser l'autre parent récupérer une nuit sur deux.
>
> Quand je rencontre Fabien avec ses parents, je le trouve effectivement nerveux, ayant du mal à fixer le regard. Ni Agnès ni Patrick ne parviennent à l'apaiser.
>
> Agnès parle beaucoup : « Ma mère a divorcé très tôt de mon père, qui était alcoolique et violent ; elle m'a élevée seule, avec ma grand-mère, qui était veuve. Je n'ai entendu dire que du mal de mon père ; ma mère le traitait de tous les noms. »
>
> Patrick laisse parler sa femme, reste en retrait.
>
> Petit à petit, Agnès va s'apercevoir qu'elle a toujours été élevée dans le mépris des hommes, et elle finit par s'effon-

drer en s'apercevant que c'était en quelque sorte sous la « dictée » de sa mère. « Ma mère m'a toujours interdit d'aimer mon père. Quand j'ai voulu reprendre contact avec lui, c'était trop tard, j'ai appris qu'il venait de mourir ; j'ai découvert qu'il avait tenté à plusieurs reprises de me voir, ma mère et ma grand-mère ont toujours fait obstacle. » Elles ont, aussi, été hostiles à son mariage ; pour elles on ne pouvait faire confiance à aucun homme.

En fait, elle n'a jamais été autorisée à estimer un homme. Ainsi, quand elle regardait son fils, elle se sentait tiraillée, elle aurait voulu le regarder avec son propre regard de mère aimante et confiante, mais, malgré elle, elle ne parvenait pas à se dissocier de cette « disqualification » familiale quasi systématique des hommes, et elle craignait d'imaginer que son fils ne devînt aussi un jour un homme méprisable.

Bien que cela puisse paraître étonnant, Fabien a ressenti quelque chose de cet ordre-là ; un bébé se construit à partir de l'image que lui renvoie le regard de sa mère ; il a besoin d'être soutenu, porté littéralement par le regard de ses parents pour se sentir rassuré. Tant que le regard de cette mère était « troublé » en quelque sorte, imprégné de la parole de sa propre mère, il ne pouvait rassurer son fils.

Ce qui me semble important ici, c'est que ces parents ont assez rapidement entendu la détresse de leur fils, ils ne pouvaient pas deviner seuls d'où elle venait, mais ils ont su s'interroger et chercher de l'aide.

Au fur et à mesure que cela fut clarifié, Agnès a pu accepter l'idée d'avoir une position différente de sa mère par rapport aux hommes, à son fils. Désormais, elle peut réintégrer sa propre perception des choses, redevenir présente à elle, donc à son enfant, en se réappropriant son regard sur les choses.

À un moment, il a fallu qu'elle désobéisse à sa mère pour devenir la mère de Fabien. Qu'elle se défasse des loyautés qui la tenaient à sa mère.

Pour entendre son enfant, il a fallu à Agnès qu'elle se ferme à la parole de sa mère, qui lui avait assigné le mandat de ne pas aimer les hommes.

Désobéir nous conduit à ne pas regarder notre enfant avec les yeux de nos propres parents, mais à le regarder lui, pour ce qu'il est véritablement. Nous évitons ainsi de faire de lui l'enfant idéal que nous n'avons pas été nous-mêmes pour nos parents. Nos enfants ne remplaceront jamais celui ou celle que nous n'avons pas été.

Rompre avec certaines loyautés filiales

Ainsi donc, que nos parents soient physiquement présents ou non, qu'ils soient vivants ou non, nous sommes liés à eux par un certain nombre de loyautés.

Estimer qu'on leur doit toujours quelque chose, n'est-ce pas une manière de ne pas mettre de la distance ? Entretenir certaines loyautés, n'est-ce pas une façon de ne pas nous séparer d'eux ? En quoi cela peut-il influencer notre propre attitude parentale ?

> Janine et Paul viennent consulter pour Mathieu, onze ans, petit dernier après trois sœurs. Il est en échec scolaire, et particulièrement insupportable, indiscipliné à la maison comme au collège.
>
> « On ne peut rien faire de lui, on ne peut pas le tenir, il ne craint personne. À la maison, c'est devenu infernal », explique sa mère, souffrant profondément de son impuissance et consciente de la carence d'autorité dont souffre Mathieu.
>
> « C'est toujours à cause de lui qu'on se dispute avec ma femme, il a l'art de nous monter l'un contre l'autre », continue Paul.
>
> Ses parents sont d'autant plus désemparés que tout s'était bien passé avec leurs filles.
>
> Paul et Janine se sont connus très jeunes au collège et se sont mariés vers vingt et un ans. Ce qui frappe d'emblée, ce sont les antagonismes de caractères. Paul se plaint : « Ma femme est très autoritaire, tout le monde l'appelle Mme la directrice. » Janine se défend : « Il ne s'occupe de rien à la

maison et jamais des enfants. » Il s'avère que, petit à petit, une escalade symétrique s'est mise en place entre Janine et Paul : plus elle s'imposait, moins il parvenait à s'affirmer. Paul explique : « Je n'étais pas assez fort pour l'affronter, et pour avoir la paix je ne m'opposais pas à ce qu'elle voulait. » Ainsi, Paul fut dépossédé de sa positon de père, d'une place que, dans une certaine mesure, il laissait libre. Certes, mais cela ne date pas d'hier et ne semble pas avoir posé problème avec leurs filles. Pourquoi cela bloque-t-il alors avec Mathieu ?

Pénétrons encore plus dans le réseau serré des relations familiales.

Les problèmes de Mathieu renvoient peut-être ses parents aux difficultés qu'ils connaissent dans leur couple depuis quelques années, et il leur est plus facile de se pencher sur les dysfonctionnements de leur fils plutôt que sur leurs propres difficultés. Dans ce sens-là, on pourrait dire que Mathieu, en mobilisant l'énergie de ses parents sur lui, se donne comme mission de les aider à maintenir leur couple et à éviter un éclatement conjugal, que tout le monde craint. Tant qu'il va mal, il maintient ses parents ensemble, ce qui est une tâche écrasante pour un enfant, qui devrait plutôt consacrer son énergie à grandir. Par son indiscipline, Mathieu maintient fictivement les liens entre ses parents, qui laissent leur fils prendre en charge leur impossibilité de communiquer.

Cette hypothèse n'est sans doute pas fausse, mais, par ailleurs, ne négligeons pas le fait qu'il est le seul garçon de la fratrie. Réactive-t-il des interrogations, chez ses parents, relatives à leur identité d'homme et de femme ? Mathieu a-t-il du mal à se faire reconnaître comme bientôt un homme, dans cette famille où il n'est pas facile de l'être ? Pense-t-il inconsciemment, par son opposition à sa mère, lui démontrer que lui ne se laissera pas faire, comme son père ?

Pourquoi est-il si révolté ? Qui représente la loi, symbolise effectivement l'autorité dans sa famille ?

Regardons encore de plus près, à quel moment de l'histoire familiale se situe la naissance de Mathieu.

> Janine raconte : « Je venais de perdre mon père, je l'adorais, c'était un homme que j'admirais beaucoup, il avait une autorité naturelle, mes cousins venaient toujours lui demander conseil, il représentait beaucoup pour la famille. »
> Peu à peu, Janine va projeter sur son fils l'image de son père, seul modèle masculin qu'elle légitime, comme si elle lui disait : « Pour devenir un homme, deviens comme ton grand-père. »
> Paul, lui, a perdu son père jeune, sensiblement à l'âge de son fils, vers douze ans. Il s'est mis à travailler très tôt, et pour lui la fonction essentielle du chef de famille consiste à veiller au bien-être matériel de sa famille afin qu'elle ne manque de rien. Le travail demeure prioritaire pour un père de famille. En surinvestissant le travail comme il le fait, il pensait répondre à son propre modèle de père et à ce qu'il projetait sur cette fonction.
> Que se passe-t-il au moment de la préadolescence de Mathieu ? Il ne peut entrer ni dans l'un ni dans l'autre des modèles proposés par ses parents, parce qu'ils sont mutuellement dévalorisés, et il est perdu dans ses repères. Il ne peut être un homme comme son père, il ne serait pas reconnu par sa mère ; il ne peut être un homme comme sa mère le voudrait, c'est-à-dire comme son grand-père, ce serait disqualifier à son tour son père et lui donner tort.

Finalement, c'est le grand-père maternel qui fait autorité, ce qui sape littéralement celle de Paul. Si ce dernier détient le rôle officiel, il n'en a pas la fonction réelle. Mais cela se fait à l'insu de tout le monde, d'une manière implicite : le grand-père n'a rien demandé, et Janine n'agit pas consciemment, elle est « agie » par sa difficulté à prendre de la distance par rapport à ce qu'elle a vécu, et Paul, dans une certaine mesure, entretient tout cela.

Par ses difficultés, Mathieu révèle le dysfonctionnement mis en place par toute une famille qui se trouve être à la fois actrice et passive. Les difficultés qu'il manifeste sont l'écho de problèmes relationnels qui concernent une grande partie de la famille. Quand les parents ont accepté leur part d'implication personnelle, qu'ils ont cessé de « désigner » Mathieu comme étant le seul « fauteur de troubles », qu'ils ont pu entrevoir la complexité des choses, la situation a quelque peu évolué.

Il a fallu mettre en évidence ce qui se tramait implicitement et que chacun reconnaisse sa part de responsabilité. Il fallut que Paul fût capable de dire à sa femme : « Je ne veux pas être comme ton père, je ne peux pas l'être, je suis comme je suis », et que Janine transforme ses attentes vis-à-vis de lui. « Finalement, ce qui est bien avec Paul, c'est qu'il arrive à discuter avec les enfants, on arrive à se compléter, il arrondit un peu les angles, il m'aide à mettre de l'eau dans mon vin, sinon ce serait trop explosif. » Petit à petit, ce père a retrouvé une place, sa place. Paul et Janine sont passés d'un fonctionnement symétrique à un « jeu relationnel » fondé sur la complémentarité. Ils sont allés, par exemple, voir le professeur principal ensemble pour savoir quelle décision prendre pour aider Mathieu dans son travail scolaire. Ils commencent ainsi à constituer en face de Mathieu le sous-système des parents, marquant mieux les frontières générationnelles.

Très attachée à son père, Janine a eu longtemps besoin d'entretenir en quelque sorte sa mémoire ; c'était sans doute pour elle un moyen de refuser dans une certaine mesure sa perte, perte qu'elle ne fut prête à assumer qu'au bout d'un certain temps.

La relation qu'elle entretenait avec son fils était une

façon pour elle de rendre encore présent ce père si admiré, Mathieu n'a pas été dupe. Inconsciemment, il savait cela, et il s'est rebellé, ce qui a été salutaire pour toute la famille.

Les deuils que nous avons à faire ne peuvent s'effectuer que peu à peu, il faut du temps pour que ce que nous devons à nos parents s'estompe au profit de ce que nous devons à nos enfants.

Aucun parent n'arrive devant ses enfants prêt à abandonner ses loyautés filiales au profit de ses loyautés parentales. Progressivement, nous avons à privilégier les responsabilités par rapport à nos enfants. Nous ne pouvons pas éviter ces errances à travers lesquelles nous nous cherchons, nous ne pouvons pas éviter de tâtonner sur ce chemin de la vie. Ce n'est quelquefois qu'à travers les difficultés de notre enfant que nos loyautés filiales affleurent à notre conscience. L'important, c'est d'entendre la part de responsabilité que nous avons dans le malaise de notre enfant, d'accepter de tirer les fils qui vont permettre de dénouer les nœuds. En nous libérant, nous libérons aussi notre enfant, nous allégeons les relations au sein de la famille, nous lui permettons de respirer.

Encore faut-il assumer la culpabilité, à laquelle nous n'échappons pas.

Une culpabilité inéluctable

Il est évident que ces positions nouvelles envers nos parents éveillent et alimentent une féroce culpabilité.

Mais n'est-elle pas le signe tangible, le passage obligé de notre liberté ?

Nous ne pouvons pas ne pas nous sentir coupables, et c'est à ce prix que l'on accède à notre subjectivité propre ; notre possibilité de nous accomplir en tant qu'êtres humains s'éprouve à ce risque-là.

Il serait vain de vouloir éviter la culpabilité, la manière dont nous sommes parents dépend de la manière dont nous allons la supporter. Vouloir l'éviter peut nous fragiliser, l'apprivoiser peut renforcer notre identité.

Henri, trente-cinq ans, est en rupture totale avec ses parents depuis l'âge de vingt-deux ans. Ils l'ont mis littéralement à la porte, parce que l'indépendance qu'il prenait leur était intolérable. Il avait été couvé, pratiquement isolé du reste du monde, jusqu'au moment où il décida de s'inscrire en fac dans une ville voisine et de quitter le domicile familial. Il se maria contre le gré de ses parents. Depuis, ils ne se revoient plus.

Ses parents n'ont cessé de lui en vouloir, ils n'ont pu supporter qu'il ne rentre pas dans les projets qu'ils avaient forgés pour lui.

Ce choix fut vital pour Henri, littéralement. Exister ne pouvait se faire qu'au prix de cette rupture, de cette trahison envers ses parents. Mais une partie de lui-même fut littéralement confisquée, dans cette liberté qu'il prit ; une partie du « bon fils » qu'il aurait voulu être resta avec ses parents.

Le deuil de ses parents fut extrêmement douloureux ; ils emportèrent avec eux les possibilités d'une réconciliation, ce qui rendit difficile la réappropriation de cette part de lui qui était restée dans son enfance.

Mais si lourde fût sa souffrance, si pénible fût sa culpabilité, il devint père de deux beaux garçons, plutôt bien dans leur peau, réussissant bien à l'école. Sa vie de couple ne fut pas plus facile ni plus difficile qu'une autre vie de couple qui dure, son intégration professionnelle et amicale, plutôt satisfaisante.

Pour continuer à être présent à ses enfants, à être attentif, Henri dut accepter cette part inéluctable de culpabilité.

Oui, aux yeux de nos parents, nous sommes sans doute toujours coupables de ne pas entrer davantage dans leurs désirs. Grandir, c'est accepter cette part de culpabilité.

Quand nous parvenons à accepter l'idée qu'il n'y a rien à justifier de ce que nous sommes, peut-être sommes-nous sur le chemin de la réconciliation avec nous-mêmes.

Paradoxe des paradoxes, la désobéissance serait-elle finalement la voie d'accès au respect des autres et de soi-même ?

EXERCICE N° 3
MARQUER LES DIFFÉRENCES ENTRE LES GÉNÉRATIONS

---

1. Citez cinq caractéristiques de votre mère et cinq de votre père. Notez-les sur une feuille. Qu'est-ce que vous admiriez le plus et détestiez le plus chez chacun de vos parents ?

2. À présent, cinq caractéristiques de vous en tant que mère ou père. Notez-les. Comparez les deux listes. Que constatez-vous ? Observez-vous d'étranges ressemblances et coïncidences ?
Qu'est-ce qui vous gêne, vous, personnellement ? Lesquelles sont gênantes pour votre enfant, lesquelles ne le sont pas ? Qu'aimeriez-vous changer et qu'aimeriez-vous ne pas changer ?
Comment allez-vous vous y prendre ?

3. Demandez à l'autre parent de faire la même chose. Parlez-en ensemble suffisamment de temps pour voir comment prendre de la distance par rapport aux familles d'origine.

☐ Si cela a généré de vives discussions, c'est bon signe, des changements sont en vue…

Vers une réconciliation avec soi-même

Pardonner

« Mon père s'est suicidé, je lui en veux terriblement, j'ai une véritable colère contre lui », dit Émile, trente-deux ans.

« Je suis toujours en guerre contre quelqu'un. Depuis que je suis petit, j'ai toujours des combats à mener, pour un oui ou pour un non. À présent, j'aspire à un peu de paix », estime Patrick, quarante-cinq ans.

Longtemps, des colères plus ou moins rentrées contre nos parents nous habitent, en entravant en nous un sentiment de paix intérieure.

Il nous appartient de mettre en place les conditions de cette amnistie.

Dans les situations non pathologiques, où il ne s'est pas passé des choses impardonnables, comme l'inceste, c'est en parvenant à renoncer à demander des comptes à nos parents, à ne pas leur en vouloir du mal qu'ils ont pu nous faire, du bonheur qu'ils ne donnent pas ou plus, que nous pouvons espérer déposer nos armes.

Accepter nos parents pour ce qu'ils sont, c'est-à-dire des êtres blessés, souffrants, en prise avec leurs propres limites et leur finitude, reconnaître notre père, notre mère comme sujets différents de ce qu'on aurait voulu qu'ils soient, c'est mettre en place les conditions d'un pardon libérateur.

Pardonner enfin, au nom de tout ce que nos parents n'ont pas pu faire autrement, ne plus leur en vouloir pour ce qu'ils ne sont pas en mesure de nous donner, c'est peut-être commencer à les aimer vraiment.

Parvenir à pardonner, c'est peut-être la forme suprême de notre autonomie, le signe d'une profonde liberté intérieure.

Et plus nous accédons nous-mêmes à une réelle autonomie, plus nous favorisons celle de nos enfants.

Quand nous parvenons enfin, au bout d'un parcours plus ou moins long, à cesser ces combats douloureux avec eux, qui ne sont que des combats avec nous-mêmes, qui nous fragilisent et insécurisent nos enfants, alors cette paix intérieure apaise aussi les relations que nous avons avec notre entourage.

S'ouvre alors la saveur nouvelle d'une légèreté, le sentiment de vie anime de nouveau notre existence, et au cœur de cette paix retrouvée avec nous-mêmes, une relation fondée sur l'altérité, donc sur la plénitude, peut prendre place.

C'est dans un enroulement incessant que cela s'effectue : plus nous parvenons à nous réconcilier avec nos parents, plus nous nous réconcilions avec nous-mêmes, et plus nous pouvons respecter nos enfants. Quelquefois, nous pensons pouvoir y parvenir ; dans notre tête, nous nous sentons prêts, mais dans les faits nous nous laissons prendre par une escalade. Ne vous faites pas d'illusions, c'est une question de persévérance.

Cela nous permet de mettre en œuvre deux types différents mais complémentaires de comportements.

Nous ne devons pas le même respect à nos parents et à nos enfants. D'un côté, respecter nos parents, c'est les accepter tels qu'ils sont. D'un autre, respecter nos enfants, c'est les conduire là où ils ne sont pas encore, c'est éveiller une part de leur potentiel, c'est les faire advenir à ce qui est encore insoupçonné en eux.

Il y a un moment où il faut renoncer à l'idée de vouloir faire changer nos parents, admettre que nous ne pouvons pas les « sauver » d'eux-mêmes, nous ne sommes pas responsables de leur croissance, de leur évolution. Par rapport à nos enfants, au contraire, nous sommes amenés à anticiper leur devenir, à favoriser leur changement permanent. Notre enfant a besoin d'être porté par notre désir, par nos rêves, alors que nos parents ont besoin qu'on ne leur fasse plus le procès de ce qu'ils ne sont pas.

Cultiver le sentiment d'avoir reçu

Pour accepter les pertes de ce qui ne viendra plus, cultivons le sentiment de ce qui nous fut donné.

Quand nous parvenons à mesurer ce que nous avons reçu, nous pouvons plus facilement renoncer à demander des comptes aux générations précédentes, nous cessons de détailler la facture de ce qui nous resterait encore dû.

> Marie a vingt-huit ans, elle est la maman d'Antoine, huit mois.
>
> Depuis sa naissance, le couple va mal. Elle en souffre parce qu'elle aime bien Sébastien, mais en même temps c'est plus fort qu'elle, elle ne le supporte pas quand il est avec Antoine. « Il ne sait pas s'occuper d'Antoine, il n'est pas capable de lui donner son bain, je ne peux pas lui faire confiance, c'est impossible de les laisser tous les deux, il fait tout de travers. »
>
> Marie raconte : « Mon père est mort dans un accident de voiture quand j'avais à peine douze ans, c'est ma mère qui m'a élevée, elle est restée toujours seule. »

Marie, inconsciemment, a du mal à supporter que son enfant ait un père. Cette présence rend encore plus douloureuse l'absence de son propre père. Sébastien, à son insu, avive terriblement sa propre douleur d'enfant.

Petit à petit, il a fallu qu'elle perçoive, au-delà de ce manque cruel, ce que son père lui avait donné. Elle s'est approprié des souvenirs oubliés. Elle a perçu toute la toile subtile mais réelle et solide qui s'était tissée entre elle et son père.

Elle a pu faire en elle une place à l'absence de son père, ce qui atténue sa douleur.

Quelquefois, les événements traumatisants entraînent avec eux la perte de ce qui fut avant qu'ils ne surviennent, car les évocations sont intolérables pendant longtemps. Il faut leur laisser le temps d'être oubliés, pour qu'ils puisent ensuite être évoqués sans douleur.

Ainsi, Marie, en retrouvant en elle ce qui fut déposé par son père, a pu un peu mieux accepter la place de Sébastien auprès d'Antoine, elle a pu en quelque sorte redonner à son fils un père.

Elle s'est rendue présente à son héritage, interrompu précocement certes, mais réel.

Il fallut aussi que Sébastien accepte la souffrance de Marie, c'est-à-dire qu'il accepte qu'elle ne puisse pas s'en défaire de suite ; car, pendant longtemps, elle n'avait pas trouvé d'autre moyen que de souffrir pour préserver un lien symbolique et affectif avec son père. Il fallut qu'il se fasse à l'idée que ni sa présence ni celle d'Antoine ne pouvaient ni ne devaient combler ce manque.

Ce ne fut pas facile, mais pour ne pas blesser une femme, un homme meurtri, il faut pendant un temps laisser la douleur se lover là, se déployer à l'intérieur, la laisser prendre corps avant qu'elle puisse être dite, et après il faut pouvoir supporter la parole souffrante de l'autre.

Forger en nous le sentiment d'avoir reçu est important, car nous transmettrons, à notre tour, d'autant plus facilement que nous l'éprouverons.

> Richard, trente ans, ne s'est jamais senti aimé de sa mère, qu'il présente comme autoritaire, dure, blessante. Il a toujours considéré qu'elle n'avait pas su le protéger, ni prendre soin de lui. Pour lui, il n'y a pas de doute, c'est une mauvaise mère, et il évoque une multitude d'événements pour le prouver.

Il ne se sentait pas prêt à avoir un enfant, quand malgré tout un petit Cyril s'annonce. Le couple décide de le garder. Richard a eu beaucoup de difficultés à accepter que Nadine consacre du temps à leur fils, il ne supportait pas l'image d'une mère attentive, soignante, par rapport à ce qu'il avait vécu lui-même.

Par ailleurs, convaincu qu'il avait eu un père effacé, en retrait par rapport à sa mère, il était mal à l'aise dans sa place de père et ne parvenait pas à prendre son fils dans ses bras.

Progressivement, il retissa un peu de la toile qui servit de fond aux relations avec son propre père. Il se rappela les après-midi passés au champ de course, ou au cinéma ; les glaces partagées ; le cerf-volant qui ne s'envolait jamais ; sa patience infinie, sa tendresse discrète, mais réelle et finalement si importante.

Richard s'aperçut qu'il avait hérité de son père beaucoup plus qu'il ne le pensait, et qu'il avait été moins rejeté par sa mère qu'il ne l'imaginait, qu'elle lui avait transmis du « bon » aussi. Par ailleurs, ce qu'il avait toujours ressenti comme « mauvais », finalement, lui avait permis d'avoir une féroce énergie pour réussir dans la vie.

C'est au sein même de ce qui lui fit défaut qu'il puisa la force de rebondir, de devenir acteur de sa vie. Nous ne pourrons jamais donner à un enfant autant que ce qu'il attend de recevoir, ni autant qu'il en aurait véritablement besoin. Ce hiatus-là ne signifie pas, loin s'en faut, un affaiblissement de son « moi », il pourra peut-être au contraire transformer ce manque en désirs et en faire le terreau de sa vie future.

Un enfant ne bénéficiera jamais de toute l'attention dont il a besoin, il ne sera jamais entendu à la hauteur de ce qui le rassurerait tout à fait ; c'est dans cet espace laissé vide entre ses besoins et les réponses que son environnement peut lui fournir qu'il est amené à découvrir et à mobiliser ses ressources propres.

Ce temps qui nous rend plus humain

« Je suis mieux dans ma peau à quarante ans qu'à vingt ans », m'expliquait ce père. « Je suis plus authentique, j'ai moins besoin de me cacher derrière des masques, j'ai moins peur des autres que lorsque j'étais jeune », m'explique cette femme de trente-cinq ans.

« Depuis la cinquantaine, je parviens à dire plus facilement ce que j'ai à dire, sans vexer les autres, je n'ai plus rien à prouver, alors je suis mille fois plus tolérante que lorsque j'avais vingt ans. Bien sûr, les cheveux blancs et les rides me gênent, mais j'ai tellement gagné sur le reste que je finis par les accepter », me confie cette toute jeune grand-mère.

Alors, bien sûr, le cheminement que nos enfants nous invitent à faire demande du temps. Tout cela ne se forge qu'au sein d'une patience que nous ne savons pas toujours accepter, notamment à une époque où tout va très vite.

Le temps est notre allié, mais nous ne le savons pas toujours, dans nos sociétés où les modes, les médias traquent les moindres signes de vieillissement. À force de valoriser l'éternelle jeunesse, nous pouvons avoir tendance à oublier que les années qui passent donnent de la consistance et de l'épaisseur à notre être.

Comme les plaines qui se fertilisent au fur et à mesure que les fleuves y déposent leurs alluvions, le temps inscrit en nous les traces de la vie.

L'arbre garde dans son tronc la cicatrice des années qui passent, il se consolide aussi, et c'est ce qui lui permet d'être généreux à l'épreuve du temps.

L'expérience temporelle est difficile parce qu'elle nous confronte au paradoxe fondamental de notre existence d'être humain ; nous nous enrichissons de cela même que nous perdons.

Heidegger disait : « Exister, c'est être à la fois pour la vie et avoir du temps, être contre la mort. »

Chaque jour, nous perdons un peu plus de notre capital temps, et pourtant chaque jour nous pouvons gagner en liberté et en créativité ; par une certaine forme de détachement, nous nous ouvrons à l'essentiel.

Ainsi, notre façon d'être pères ou mères ne cesse de se transformer au fil de l'existence. Le temps traverse nos identités parentales et les façonne indéfiniment, en nous inscrivant dans une mobilité extrême. Résister à ce mouvement-là risque de scléroser les relations.

Notre identité de pères et de mères n'a rien de monolithique. C'est en cela qu'elle nous permet de développer notre potentiel intérieur.

Nous n'en finissons pas de changer notre manière d'être parents tout au long de notre vie ; et cela constitue une expérience extraordinaire, dans laquelle nous sommes à la fois les mêmes, et toujours différents. Nous ne sommes jamais les mêmes parents avec notre enfant, selon son âge, selon les événements de notre vie personnelle ; nous ne réagirons pas de la même manière lors de son premier cri, de son premier sourire, de son premier « papa » ou « maman, de son énième « non », de ses colères répétées d'adolescent.

L'évolution de notre enfant, la confrontation avec cet être qui nous surprend, quotidiennement, par la virulence de son affirmation en tant qu'individu à part entière nous obligent à être différents.

Nous n'y prenons pas le même plaisir, la relation n'est pas la même lorsque nous sommes attendris par les premiers balbutiements et lorsque nous sommes agacés par son langage d'adolescent, meurtris par son départ.

Le temps, en nous ouvrant à la mobilité, assouplit nos positions en nous rendant plus humains.

Plus nous nous laissons façonner par la relation à nos

enfants, plus nous leur donnons des chances d'accéder, eux aussi, à ce qu'il y a de plus humain en eux.

Plus nous restons en marche, plus nous les amenons à découvrir que la vie est digne d'être savourée malgré les épreuves.

La relation des parents avec leur(s) enfant(s) s'éprouve et s'enrichit parce qu'elle est la rencontre, au quotidien, de plusieurs réalités mouvantes et émouvantes, qui ne cessent de se transformer l'une l'autre dans une réciprocité permanente, dans des échanges incessants, dans une synergie créative. Notre enfant nous modifie tout autant qu'on le transforme.

Nous ne sommes jamais le père ou la mère que nous croyons être, notre enfant perçoit de nous toujours autre chose que ce que l'on croit montrer. Nos identités se structurent dans cette forme de spirale presque infinie où le regard de l'autre appelle des réajustements par rapport à la perception que nous avons de nous-mêmes. Nous ne cessons de nous construire dans et par l'autre. En fait, c'est dans un enroulement où ce que je vis transforme mon enfant et où ce que vit mon enfant me transforme que s'inscrit l'aventure extraordinaire de la parentalité.

La stabilité du lien filial, sa solidité se structurent autour de notre capacité à épouser les vagues du changement.

Ainsi, nous ne cessons, dans un mouvement presque infini, de nous créer et de nous construire avec notre enfant.

Un sentiment de permanence entre peurs et désirs

En fait, à côté du temps quantifiable, objectivable, celui qui nous manque toujours, il y a un autre temps, un temps intérieur qui structure notre rapport à la vie en profondeur.

Les moments de joie nous paraissent toujours trop courts, et ceux de douleur toujours trop longs. Le temps de nos émotions n'est pas le temps de l'horloge. Il n'est pas mesurable, il est fait d'avancées et de reculs, d'arrêts sur image. Tel souvenir douloureux restera longtemps nous hanter, telle joie éphémère nous traversera rapidement l'esprit, le premier événement aura peut-être duré seulement quelques secondes, le second plusieurs heures. Notre temps intérieur est non linéaire, il met en mouvement des choses impalpables en nous, dont les effets demeurent imperceptibles, même s'ils sont réels.

Ce temps intérieur est images, émotions, sensations, sensorialité, c'est une expérience intime avec les choses, les êtres, la nature, c'est à travers lui que se forge notre sentiment d'exister.

Il est fait aussi de nos peurs et de nos désirs, c'est lui qui nous permet de mettre de la continuité dans des expériences qui peuvent apparaître comme morcelées.

La peur est sans soute la chose au monde la mieux partagée par tous les parents.

Dès sa conception, et jusqu'à ce qu'on disparaisse, cette peur pour notre enfant nous tenaille, ce souci de lui demeure toujours tapi au fond de nous, prêt à resurgir au moindre signe de souffrance et au moindre signe de danger.

Cette angoisse constitue une constante au cours de notre vie de parents ; bien sûr elle se transforme, change d'objets. Nous n'avons pas peur des mêmes choses quand notre enfant a deux jours, deux ans, vingt ans, cinquante ans, cependant la peur demeure pour lui, et pour ses enfants quand il en aura. Elle est à la fois toujours différente et à la fois permanente, c'est peut-être au cœur de cette continuité de quelque chose qui, en nous, change tout le temps que se constitue, en partie, la cohérence de notre identité parentale. Comme si cette peur garantissait l'unité de notre identité au-delà même de ses transformations, elle serait ce trait d'union intérieur qui nous permet de savoir qu'on demeure toujours nous-mêmes, bien qu'on change.

C'est pour cela que nous ne pouvons pas chercher à chasser trop tôt nos inquiétudes.

Il ne faut pas avoir peur de nos peurs, ni de nos pleurs ; ils sont les cicatrices de notre sentiment intérieur d'exister.

Un autre élément nous permet de forger la conscience de notre permanence au milieu de tous les changements : la persistance de notre désir.

« Depuis la grande école, Romain n'est plus le même enfant. » « Depuis qu'il a connu cette fille, je ne reconnais pas mon fils. » Chaque étape importante de la vie de notre enfant nous oblige à vivre comme une perte de ce qu'il fut, au fur et à mesure qu'il grandit ; nous devons reconnaître ces changements et prendre acte de ses transformations.

Sa croissance nécessite un engagement sans cesse renouvelé de notre part.

Plus il grandit, plus il nous affronte et plus cela peut être difficile de l'aimer.

Ce n'est pas la même chose d'aimer un bébé de quelques jours et un adolescent ! En grandissant, notre enfant nous échappe ; mais plus il devient différent de ce qu'on voudrait qu'il soit et plus la persistance de notre désir le « contient », le soutient, le rassure dans son développement. C'est dans cette alternance de perte et de reconnaissance que se constitue en lui le sentiment de sécurité intérieure.

Notre enfant a toujours besoin de continuer à être aimé, à être porté par notre désir ; moins il est comme on le désire et plus on doit continuer à le désirer. Moins il répond à ce qu'on attend de lui, à ce qu'on espère pour lui, plus il faut continuer à faire des projets. Sinon, il peut se sentir « lâché », « abandonné » par notre absence d'aspirations pour lui.

> Un père récemment rencontré me semble parfaitement avoir résumé cela : « On a toujours eu des projets pour notre fils, avec ma femme, mais on ne l'a pas enfermé dans nos désirs. Quand il était petit, j'ai voulu qu'il fasse du judo, il a fait du foot ; sa mère voulait qu'il fasse du piano, il a fait du violon. Il a voulu faire du théâtre, je n'étais pas d'accord, sa mère oui, il a fini par en faire. J'espérais qu'il fasse comme moi des études littéraires, il a fait maths sup. Sa mère aurait rêvé qu'il soit médecin, il est chercheur en biologie, il adore cela, et nous, nous sommes ravis de la voie qu'il s'est tracée. Il y eut des conflits, bien sûr, mais nous avons toujours dit clairement quels étaient nos choix ; quand sa mère et moi n'étions pas d'accord, il a entendu nos deux positions. Finalement, les choix qu'il a faits furent en règle générale des choix qui lui convenaient, et que nous avons fini par accepter. Même quand il ne faisait pas ce qu'on voulait qu'il fasse, on continuait à faire des projets le concernant, et on ne le disqualifiait pas dans ses choix. »

L'inachevé de l'éducation

Si devenir parents nous amène à changer certaines choses de notre position d'enfants, il faudra bien admettre que nous ne réglerons jamais « tout » de notre enfance.

Gautier, quinze ans, ne supporte pas de voir son père et sa grand-mère paternelle se chamailler. Il adore cette grand-mère, qui, c'est vrai, épingle toujours son père, et il n'aime pas voir son père réagir comme un adolescent devant sa mère. Petit à petit, à force d'humour, de dérision, ses frères et lui parviennent à faire en sorte que les repas de famille se passent un peu plus harmonieusement, ils parviennent à détendre l'atmosphère, à esquiver les sujets sensibles. Et leur père finit lui aussi par ne pas se sentir atteint par les propos de sa mère, il passe outre, même s'il les considère comme injustes. Rien n'est vraiment réglé, mais les relations sont moins tendues, et finalement grâce aux petits-enfants. Ces derniers ont tout à fait pris la mesure des conflits qui existaient, ils ne s'en mêlent pas mais, en même temps, ils permettent à chacun de « vivre avec ».

Quoi qu'on fasse, nous élevons notre enfant avec ce que nous sommes, c'est-à-dire avec nos limites et nos incompétences ; inutile de chercher à tricher.

Quand un enfant va mal, c'est le désarroi chez les parents. « Et pourtant, disent-ils bien souvent, j'ai fait le maximum, j'ai fait tout ce que j'ai pu pour ma fille, pour mon fils, je ne comprends pas, je pensais bien faire. »

Nul ne peut mettre en doute la sincérité de ces parents, mais si leur amour est certes nécessaire, il n'est pas suffisant. Car, en matière d'éducation, il ne suffit pas de vouloir être un « bon père » ou une « bonne mère » pour y parvenir. Au moment où nous faisons des erreurs, le plus souvent, c'est que nous ne pouvons pas faire autrement.

Aucun des parents que je connais n'a jamais choisi délibérément de faire souffrir son enfant.

Voilà encore un des paradoxes de l'éducation : plus nous voulons bien faire, plus nous avons l'impression d'être « mauvais ».

Et si, désormais, nous devions renoncer à l'idée de bien faire, en nous contentant d'être pleinement ce que nous sommes, c'est-à-dire des êtres mobiles, au cœur d'une réalité éducative jamais définitive, donc toujours modifiable ?

Derrière les limites de ces pères, de ces mères qui se démènent pour faire de leur mieux, il y a à entendre leurs propres souffrances, leurs propres déceptions.

Cessons de nous leurrer, nous ne pouvons pas éviter à nos enfants qu'ils soient aussi faits de cette souffrance qui nous habite, de ces deuils que nous ne parvenons jamais à faire tout à fait, de ces freins qui nous entravent, en un mot de notre névrose.

Cela fera partie aussi de leur héritage, ce qui ne veut pas dire qu'on ne peut pas chercher à l'atténuer quelque peu.

Si, en éducation, rien n'est jamais acquis définitivement, c'est parce que rien n'est jamais définitivement achevé.

Si la relation à ses parents constitue pour un enfant un vécu essentiel, il peut sans cesse se colorer différemment. Si cette expérience est structurante et primordiale, elle n'est jamais figée.

Accepter nos limites, c'est le meilleur moyen de les dépasser.

L'être humain a cette capacité exceptionnelle de pouvoir toujours s'améliorer, à partir du moment où il s'ouvre aux ressources insoupçonnées qu'il possède et que son entourage possède, au-delà de ce qu'il peut imaginer.

Le présent s'ouvre toujours sur des milliers de possibles. Chaque rencontre, chaque événement peut ouvrir sur d'importantes perspectives d'avenir, si nous savons les percevoir et les utiliser pour nous-mêmes.

Les parents peut-être plus que les autres adultes sont

invités, ou plutôt poussés par leur enfant à expérimenter cette imperfection de l'être.

En effet, quelle que soit la qualité de la relation qu'on établit avec nos enfants, nous sommes toujours confrontés à quelque chose de l'ordre de l'inachevé.

Nous non plus, aux yeux de nos enfants, nous ne serons jamais, tout à fait, les parents qu'ils auraient aimé avoir. Nous aurons toujours le sentiment de n'avoir pas su les protéger, les épargner comme on aurait voulu.

Nous portons tous au plus profond de nous le regret de n'avoir pas eu le geste juste au bon moment, de n'avoir pas su dire la parole qu'il aurait fallu prononcer au bon moment.

Cela est irréductible, et c'est tant mieux !

Cet inachevé n'est-il pas finalement le lieu de la créativité de notre enfant ? Sa liberté, comme notre propre liberté, s'exprime sans cesse dans ces décalages entre ce que nous avions prévu et ce que nous parvenons à faire.

C'est à partir de ce que nous n'avons pas assez fait pour lui qu'il pourra écrire son histoire, c'est à partir de cet inachevé qui place les parents en dehors de la toute-puissance qu'il va pouvoir trouver sa place, sa voie.

C'est parce qu'on ne peut pas tout pour lui qu'il va pouvoir commencer à faire par lui, pour lui.

En tant que parents, nous sommes amenés à supporter ce moment infiniment subtil, mais terriblement blessant, où notre incomplétude, où nos limites, où nos incompétences laissent, enfin, la place à la réelle singularité de notre enfant, à sa différence irréductible.

Exercice n° 4
Voir nos parents autrement

1. Notez sur une feuille vos trois meilleurs souvenirs avec votre mère, puis avec votre père ; et enfin avec vos frères et sœurs ; en quoi ces moments vous sont-ils chers ?
   Concentrez-vous bien sur ces souvenirs, repassez dans votre esprit les images, réentendez les bruits, ressentez les odeurs, laissez-vous emporter par ces évocations.
   Racontez-les à vos enfants ; comment réagissent-ils ? Qu'est-ce que cela vous fait de leur raconter cela ?
2. En y repensant, avec le recul, quels dons les plus importants vous ont faits votre père et votre mère ? Qu'avez-vous reçu de plus essentiel d'eux ? Notez-le sur une feuille.
3. Demandez au père de vos enfants d'en faire autant.

☐ Si vous n'êtes pas tout à fait prêts à renoncer à demander des comptes aux générations passées, alors poursuivez la lecture.

2

SE PRÉPARER À L'AUTONOMIE DE SES ENFANTS

L'AUTONOMIE, OUI, MAIS LAQUELLE ?

Un problème peut en cacher un autre...

« Dillan veut manger seul, mais c'est une véritable catastrophe, il en met partout, le repas dure deux heures, c'est insupportable ; et pourtant je voudrais bien qu'il y parvienne. »

« Je viens de découvrir que ma fille de quinze ans, a fumé du hasch. Est-ce dangereux, dois-je lui interdire ? M'écoutera-t-elle ? »

« Le directeur de l'école se moque de moi, il me dit : "Jusqu'à quel âge allez-vous accompagner Fabien ?" Mais s'il lui arrive quelque chose ? »

« Stéphanie n'arrête pas de sortir, elle est en terminale, moi je ne suis pas d'accord, je veux qu'elle prépare son bac. »

« Romain fréquente des copains qui ne me plaisent pas, mais si je m'oppose directement, il aura envie de les voir encore plus, et si je laisse faire, j'ai peur qu'il tourne mal. Comment puis-je m'y prendre ? »

Quel que soit l'âge de leurs enfants, les parents se trouvent aux prises avec des limites à imposer, des règles à faire respecter, et en même temps une autonomie à mettre en place pour leurs enfants. Ils doivent à la fois montrer que l'indépendance n'est pas une liberté débridée qui consisterait à faire tout ce que l'enfant a décidé de faire, qu'elle s'inscrit dans la nécessité de prendre en compte les contraintes du contexte, à la fois ils doivent être à l'écoute de leurs enfants. Ils doivent favoriser leur indépendance, tout en leur faisant intégrer la loi. Entre le trop d'autorité et le trop peu, entre le trop de rigidité et le trop peu de rigueur, ils ont le sentiment de ne jamais faire tout à fait comme il faudrait.

Les parents se sentent toujours coupables, qu'ils accordent trop de liberté : « Steffen a cinq ans, je ne peux pas faire autrement que de le laisser seul à la maison le soir après l'école. Mais vous savez, je lui prépare tout la veille. Quand il rentre, il trouve son goûter. »

Ou qu'ils n'en accordent pas assez : « Je sais, tout le monde me dit que je suis trop possessive. » « Je suis un véritable papa poule, et comme je ne vois mon fils que le week-end, j'essaie d'en profiter au maximum ; il paraît que je le couve et que je le protège trop. »

C'est souvent par l'intermédiaire d'un tiers, par le truchement du regard des autres qu'ils s'interrogent : « C'est une amie l'autre jour qui m'a fait remarquer à quel point Jonathan restait collé à moi et n'allait pas vers les autres enfants de son âge. » Trop impliqués nous-mêmes, il n'est pas toujours facile d'évaluer la distance que l'on établit avec ses enfants.

Amélie a six ans, elle paraît toute sage sur sa chaise pendant que ses parents parlent.

« À l'école, elle manque de concentration, elle est très

étourdie ; du coup, elle n'apprend pas aussi bien qu'elle le pourrait. » Très rapidement, ils enchaînent : « À la maison, elle mène tout le monde par le bout du nez. Elle fait tout ce qu'elle veut. » Ils se plaignent : « Nous avons du mal nous aussi à la faire tenir en place, on aimerait qu'elle devienne moins turbulente, elle se permet trop de choses. » Ce « trop de liberté » d'Amélie revient sans cesse. En revanche, ce sera presque par hasard, que j'apprendrai qu'« elle vient très souvent dans notre lit, elle a peur de dormir seule dans sa chambre », puis « le matin elle boit encore un biberon, poursuit sa maman, je ne vois pas pourquoi je la priverais de ces petits plaisirs, elle a bien le temps de grandir ».

Ainsi, d'une manière tout à fait paradoxale, derrière le « trop de liberté » accordée aux enfants se cache quelquefois une trop grande dépendance.

Rarement énoncée en premier lieu par les parents, la dépendance va cependant se révéler à l'origine de nombreuses difficultés de nos enfants.

Et quand le fameux « Mais enfin, lâchez-le un peu, votre enfant ! » tombe de la bouche des professionnels ou autres amis, les pères et les mères ne comprennent plus rien à rien.

Ils viennent parce qu'ils n'arrivent pas à se faire obéir et on leur reproche de ne pas mettre suffisamment de distance !

Les inquiétudes que nous avons pour nos enfants sont quelquefois l'expression de ce besoin inexorable que nous avons d'eux. Derrière tel ou tel souci se cache et se dissimule notre difficulté à nous passer de nos enfants. Tout se passe comme si nous déplacions le vrai problème.

Aurions-nous trop besoin de nos enfants ?

« Mon fils, c'est mon chevalier servant. Il est aux petits soins avec moi. Heureusement qu'il était là pendant les moments difficiles du divorce. »

« Ma fille est pleine d'attentions ; quand elle me voit fatiguée, elle prépare le repas du soir. »

« Antoine, c'est mon rayon de soleil ; il me comble. »

C'est avec fierté et complaisance que les pères et les mères évoquent la sollicitude de leur enfant à leur égard.

Moments suffisamment rares pour mériter d'être énoncés ? Besoin de se rassurer sur l'amour de leurs enfants ? Pauses compensatoires particulièrement appréciées entre deux moments de tension ?

Sans doute est-ce un peu tout cela et beaucoup de choses encore. Et il n'est pas utile de chercher à justifier l'infini plaisir que ces marques de tendresse nous procurent. Elles font chaud au cœur et sont essentielles.

Cependant, dans cette attente que nous avons de l'amour de notre enfant, dans ce besoin que nous avons de recevoir d'eux tant et tant de choses, dans cette façon qu'ils ont parfois de nous faire exister, nous ne voyons pas toujours à quel point nous risquons d'entraver leur autonomie.

Si nos enfants perçoivent ce besoin que nous avons d'eux, ils ne vont pas se sentir autorisés à partir.

Tout se passe comme si ce besoin de retenir ses enfants était une manière de s'épargner à soi-même des angoisses.

Les voir s'éloigner, c'est déjà les perdre.

Accepter le fait que notre enfant puisse se passer de nous constitue inévitablement une blessure, plus ou moins facile à supporter en fonction de notre parcours personnel. Et il y a des moments où nous sommes davantage prêts qu'à d'autres.

L'autonomie de nos enfants inéluctablement va nous amener au plus près de certaines de nos blessures et, si nous n'y prenons pas garde, nous pouvons y emprisonner notre enfant, malgré toute notre sincère bonne volonté.

Elle renvoie les parents à leur capacité de supporter l'absence de leurs enfants, leur éloignement. Pour leur permettre de se passer de nous, nous avons d'abord à nous préparer à nous passer d'eux.

Et si, pour résoudre ce délicat problème de l'autonomie de nos enfants, nous nous interrogions sur ce qu'elle représentait pour nous ?

Et si, pour préparer l'autonomie des enfants, il fallait plutôt s'interroger sur les dépendances que nous avons tendance à entretenir toujours et encore.

L'enfant est-il soluble dans l'amour ?

Au cours du premier entretien, Anna, dix ans reste littéralement « collée » à sa mère et ne la quitte pratiquement pas du regard. C'est une enfant extrêmement timide, qui s'exprime peu ; elle semble craintive et inquiète.

Je la rencontre dans le cadre d'une expertise, demandée par le juge aux affaires familiales à la suite d'un divorce conflictuel. Anna refuse de voir son père depuis plusieurs mois, alors que ses deux frères, plus âgés qu'elle, passent un week-end sur deux chez lui ainsi qu'une partie des vacances.

Corinne, la maman, explique : « C'est normal qu'elle ne veuille plus voir son père ; il la rejette ; il ne lui a jamais rien offert, il ne s'est jamais occupé d'elle ; en fait, il n'était pas d'accord pour que j'aie ce troisième enfant. » Elle poursuit : « Il ne l'a jamais aimée, c'est mon portrait craché, il dit toujours que c'est ma fille à moi, qu'elle n'a rien de son côté à lui… »

Et pourtant, c'est Stéphane, le père, qui a saisi le magistrat pour faire valoir ses droits de visite auprès de sa fille, car elle lui manque, et il ne comprend pas la dureté avec laquelle elle le rejette.

Il ne sait plus comment s'y prendre pour qu'elle revienne le voir. Même s'il est un peu maladroit, c'est un père qui n'en est pas moins attaché à sa fille, et qui est touché par sa souffrance ; il aimerait l'aider.

Corinne a eu une enfance malheureuse ; sa mère, décédée précocement, a laissé son père avec cinq enfants, elle était aussi la petite dernière. Elle a toujours souffert d'un manque d'amour.

Quand elle rencontre Stéphane, ils se marient parce qu'elle était enceinte de leur fils aîné. Le couple n'a jamais véritablement bien fonctionné : « Stéphane n'a jamais été gentil avec moi ; il a toujours été dur ; je n'avais pas le droit à la parole ; je n'avais pas le droit de poser de questions. »

Stéphane présente une autre version : « Elle n'était jamais d'accord sur rien, elle me laissait décider et après elle critiquait ; rien ne lui faisait plaisir, même quand je lui offrais des cadeaux, elle n'était jamais contente de rien. »

Quand elle est devenue mère d'une petite fille, Corinne s'est reconnue en elle et a ressenti comme du réconfort à travers sa détresse. « Elle a illuminé ma vie, pour la première fois j'ai ressenti des liens forts avec quelqu'un et elle a répondu à mon amour. »

« Elle est mon tout, dira-t-elle, c'est ma sœur, ma mère, mon amie et ma confidente, je n'ai qu'elle au monde. »

Anna a représenté pour elle une ouverture vers une tendresse qui lui a toujours fait défaut. Sa mère a amplifié et entretenu cette fusion en renforçant tout ce qui pouvait évoquer une similitude de vécus entre elle et Anna. « Elle est rejetée par son père comme il m'a rejetée moi-même ; pour lui, il n'y a que ses fils qui comptent. »

À partir de là, Anna s'est littéralement mise dans la peau de sa mère ; elle a repris à son compte l'image que sa mère avait de son père ; elle s'est positionnée elle aussi comme

la victime de Stéphane. Elle n'arrive pas à se laisser aimer par ce père, qui ne demande que cela.
Au nom de sa souffrance, Corinne annule toute distance et toute différence entre elle et sa fille, ne laisse pas de place à un tiers ; Anna n'a pas d'existence propre.

Cette construction en miroir, dans laquelle ce que ressent la mère est amplifié comme par écho par la fille ne laisse place à rien d'autre. La mère et la fille n'existent que l'une par l'autre, dans une indifférenciation qui ne permet pas à Anna de naître véritablement à elle-même et qui l'entrave dans son développement ; dans une codépendance sans cesse alimentée par chacune d'elles.

Cette fusion engendre une confusion entre elles deux.

La mère, dans sa détresse, dans son manque récurrent d'amour, a placé sa fille à la place de ce manque, et la fille a répondu à cet appel.

Quand nous attendons de notre enfant qu'il vienne réparer nos blessures présentes ou passées, on ne lui permet pas d'exister pour lui-même. Le maintenir dans une dépendance affective, c'est lui dérober sa vie.

Respecter notre enfant, l'aimer, c'est l'empêcher de n'exister que dans notre désir. Comment pouvons-nous y parvenir ?

Déjà en repérant l'ambiguïté de ce que nous mettons en place avec lui.

L'autonomie ne s'évalue pas en kilomètres !

« Quand Magali va bien, je vais bien, quand elle va mal, je vais mal », explique sa mère effondrée. Magali vient de partir à l'étranger pour poursuivre ses études, elle traverse des moments difficiles, et cette mère éprouve encore dans son corps la souffrance de sa fille et la douleur de ne rien pouvoir faire pour elle.

Qui n'a pas ressenti au plus profond de soi ce vertige qui nous attache viscéralement à notre enfant, quel que soit son âge ?

Mais qu'est-ce que cela implique pour nos enfants ? Qu'est-ce qui se tisse entre nous et lui, qui risque d'être difficile à dénouer pour eux, ensuite ?

Magali a toujours été proche de sa mère, échangeant beaucoup avec elle. Ce fut une enfant plutôt facile, avec une adolescence peu virulente. Elle bénéficiait d'une certaine liberté, respectait les contraintes imposées par ses parents: donner les noms des amis chez qui elle passait ses soirées ; prévenir si elle rentrait plus tard que prévu…

Le choix de ses études constitua le premier véritable conflit qui l'opposa à ses parents.

Ces derniers voulaient qu'elle prenne une orientation scientifique, elle préféra faire des langues, et notamment de la littérature anglaise.

Elle choisit, contre leur gré, de partir étudier un an à l'étranger. À partir de ce moment-là, elle n'eut que des soucis, des problèmes administratifs, des problèmes de santé, des problèmes d'intégration, elle finit presque par craquer.

Tout se passe comme si elle ne parvenait pas à s'autoriser réellement le choix qu'elle avait fait et qui semblait cependant lui convenir. Comme si la culpabilité de ne pas avoir répondu à la demande de ses parents l'entravait dans la réalisation de ce qui était pourtant important pour elle, comme si elle ne pouvait pas devenir elle-même, retenue par des loyautés à l'égard de ses parents. « Je suis sûre d'avoir fait le bon choix, mais quelquefois je suis tiraillée, je doute ; quand tout va mal, je me dis : j'aurais dû rester en France, je n'aurais pas vécu toutes ces galères. »

Elle sait qu'elle blesse sa mère et elle n'est pas encore

prête à accepter la part de culpabilité inéluctable. Sa mère lui fait-elle trop entendre sa souffrance, partage-t-elle trop de choses avec sa fille ? On peut aussi donner à un enfant une certaine indépendance, tout en lui confisquant son autonomie.

L'autonomie n'est pas une simple question de distance géographique, ni une simple histoire de libertés. Un enfant peut parvenir à faire ce qu'il veut sans le vivre sereinement, sans l'avoir accepté réellement, du fait notamment de tous ces liens spécifiques, étranges, complexes, quasi indissolubles qui l'attachent à ses parents.

Notre enfant, un être bien singulier…

Dès sa naissance, cette singularité s'affirme. D'emblée, c'est par son corps désormais extérieur à nous que notre enfant s'impose dans sa différence propre. Il résiste à certaines de nos demandes : il ne dort pas quand on voudrait qu'il dorme, il ne mange pas comme on le voudrait. Ses premières douleurs, ses premières maladies nous font mesurer à quel point nous ne pouvons pas, autant que nous le souhaiterions, calmer ses douleurs physiques, ses maux de ventre, apaiser les gencives agacées par la percée des dents, le rassurer. Notre enfant s'affirme comme un individu à part entière à travers son corps, qui nous situe dans un rapport d'extériorité avec lui. Désormais, son corps marque les limites entre son être et nous, son corps lui appartient.

Mais il lui faudra peut-être toute sa vie pour habiter réellement cette singularité absolue, et irréductible, y prendre place et ne pas l'aliéner aux désirs des autres. Et il nous faudra bien du temps pour admettre que notre existence s'arrête là où se dessinent les contours de son corps.

Car les liens puissants qui vont se tisser entre lui et nous risquent de nous faire oublier cette réalité ; ce que nous éprouvons, ce que nous partageons avec lui, peuvent nous faire croire que la séparation n'a pas eu lieu.

Pendant la grossesse, la mère et l'enfant ont vécu une expérience infiniment merveilleuse, ineffable ; fusion totale, complétude absolue, indicible plaisir de ce corps à corps indistinct où la vie de la mère nourrit et protège celle du bébé. Cette expérience unique se poursuit après la naissance, elle met en œuvre une résonance exceptionnelle entre la mère et l'enfant ; et bientôt entre le père et l'enfant.

Les moindres signes de l'enfant sont reçus par les parents, comme des échos d'eux-mêmes. Pendant longtemps encore, nous éprouvons sensoriellement ce qu'il éprouve, nous ressentons comme à l'intérieur de notre corps ce qu'il ressent, nous avons mal pour lui, nous avons mal de lui.

Même si les corps sont distincts, nous continuons à entretenir avec notre enfant un rapport qui reste encore un rapport charnel, presque de chair à chair. Nous ne parvenons pas toujours à discerner où commence son existence et où s'arrête la nôtre. Les frontières avec nos enfants demeurent floues, difficiles à définir, à respecter et à faire respecter. Les intrusions respectives sont alors une tentation de tous les instants, les rapports de possession, de dévoration, un risque permanent.

Après l'avoir porté en nous, nous le portons littéralement à bout de bras pour qu'il grandisse, comment lui permettre de se différencier ?

Faire face aux paradoxes de l'éducation

L'accès des enfants à leur indépendance place ainsi les parents devant des paradoxes difficiles à surmonter.

L'enfant a besoin d'être porté par le désir de ses parents pour grandir, mais c'est au sein même de ces désirs que se glisse pour lui le risque d'être absorbé.

L'enfant a besoin de sentir qu'il est important pour ses parents, mais, s'il l'est trop, cela peut le détruire.

Les résonances fortes existant entre un enfant et ses parents leur permettent de se comprendre, de mettre en place une communication puissante, mais c'est au cœur même de cela que l'enfant risque d'être privé de lui-même.

L'enfant donne bien évidemment un sens nouveau et profond à la vie de ses parents, mais ceux ci ne peuvent pas n'exister que par et pour l'enfant.

Comment s'en sortir ?

C'est en mettant en évidence d'une manière récurrente et permanente sa différence, en se refusant fermement à croire que notre enfant puisse constituer une partie de nous. Il nous appartient de nous le dire et de nous le redire.

Ne nous leurrons pas, pour y arriver, il faudra se faire violence. C'est au quotidien qu'il faudra lever nos résistances à voir notre enfant se séparer de nous. C'est peut-être dès le berceau que nous devrons nous y employer, et ce sera jour après jour qu'il faudra lutter contre nous-mêmes pour ne pas le confondre avec nous.

Pour grandir, il y a toujours et encore à se différencier. Le vide laissé par nos enfants peut être aussi un « appel d'air » qui nous permet d'exister davantage par nous-mêmes. Pour supporter la blessure inéluctable contenue dans le fait que notre enfant n'a plus besoin de nous, nous avons à nous ouvrir, nous aussi, à des milliers d'autres aventures possibles.

EXERCICE Nº 5
NOTRE ENFANT, UN ÊTRE UNIQUE, ENTRE RESSEMBLANCES ET DIFFÉRENCES

1. Pour chacun de vos enfants, trouvez les caractéristiques suivantes.

PAR RAPPORT À VOUS

Sur le plan physique	Sur le plan du caractère
3 traits de ressemblance	
1 ______	1 ______
2 ______	2 ______
3 ______	3 ______
3 traits de différence	
1 ______	1 ______
2 ______	2 ______
3 ______	3 ______

PAR RAPPORT À L'AUTRE PARENT

Sur le plan physique	Sur le plan du caractère
3 traits de ressemblance	
1 ______	1 ______
2 ______	2 ______
3 ______	3 ______
3 traits de différence	
1 ______	1 ______
2 ______	2 ______
3 ______	3 ______

2. Qu'est-ce que cela vous fait de voir ces points de ressemblance, est-ce que cela vous flatte, vous agace ? Auriez-vous préféré qu'il vous ressemble sur autre chose ?

Que pensez-vous des différences ? Rendent-elles la relation difficile avec votre enfant ?
Comparez avec l'exercice 3.

3. Selon son âge, notez, au regard de chaque caractéristique, si elle a eu tendance à s'amplifier, à diminuer, à rester identique depuis ces cinq dernières années. Sous l'influence de quels facteurs ? Comment vivez-vous ces changements ? Pensez-vous que cela rapproche votre enfant de lui-même, ou l'éloigne de lui ? Que faudrait-il faire pour qu'il soit de plus en plus fidèle à lui-même ?

4. Parmi ces traits, estimez-vous qu'il y en a certains que votre enfant « force » peut-être pour faire plaisir à l'un ou l'autre de ses parents, ou au contraire pour le provoquer ? Où se situe-t-il vraiment ? Qu'est-ce que vous pourriez l'amener à développer pour qu'il soit encore plus lui-même ?
En quoi est-ce facile ou difficile pour vous ?

5. Si vous avez plusieurs enfants, lequel vous ressemble le plus, lequel le moins, avec lequel la relation est-elle la plus aisée ?

6. Selon vous, que pense l'autre parent de ces points de ressemblances et de différences.

7. Demandez à votre conjoint de faire le même exercice, et échangez vos points de vue.

8. Faites la même demande à vos enfants, s'ils sont en âge de faire l'exercice.

9. Comparez les résultats. Les écarts et les décalages vous étonnent-ils ? Tant mieux, c'est bon signe ! N'hésitez pas à en parler ensemble.

Comment mettre de la différence avec des enfants qui nous ressemblent autant

S'affirmer dans sa différence, une aventure qui ne date pas d'hier

Que les parents du XXIe siècle se rassurent, l'aventure de la naissance du sujet ne date pas d'aujourd'hui. La mémoire de l'humanité à travers les différentes mythologies raconte cette difficile naissance…

> C'était, il y a très, très longtemps, dans les temps anciens de l'Éden, rappelez-vous ce que raconte le mythe…
> Ich, qui ne s'appelle pas encore Adam, est là en proie à une inactivité totale. Le temps est éternité certes, mais figé, tout n'est qu'immobilité. Dieu, de son côté, semble s'ennuyer, pourrait-on dire… mortellement. Il avait bien essayé de poser un interdit, premier d'une longue série : « Tu ne mangeras pas du fruit de cet arbre, l'arbre de la science du bien et du mal », mais tous les hommes le savent, tout est tellement tranquille quand les femmes ne sont pas là !
> Donc il ne se passe rien, malgré l'interdit.
> Alors, Dieu décide pour Ich qu'« il n'est pas bon que l'homme soit seul », et comme s'il lançait son va-tout, son joker, il créa la femme !
> Par manque d'imagination, elle fut nommée Icha ; elle n'était que le féminin de l'homme, pas véritablement différenciée.
> Icha avait-elle déjà lu Freud, savait-elle qu'il était nécessaire de sortir de l'indifférenciation ? Quoi qu'il en soit, l'Éden ne va pas tarder à s'animer. Un dialogue s'instaure entre le serpent et Icha. Vous connaissez la suite, il y a transgression, désobéissance.
> Par son acte, Icha va déchirer l'immobilisme de l'Éden, ce bonheur sans partage, cette redoutable félicité de l'enfermement sur soi, cette ignorance de l'autre, cette indifférence insupportable.

Cette fracture sera fondatrice, elle va constituer le véritable commencement, la véritable naissance du sujet.
Chassé du paradis, l'homme, devenu Adam, regarde – enfin ! – la femme et la nomme Ève, ce qui signifie « mère de tous les vivants ». Ils reconnaissent leur nudité, ils prennent place dans leur différence et ils vont alors pouvoir engendrer.
L'histoire se met en marche après la désobéissance d'Ève, qui marque définitivement la différence entre l'homme et la femme, l'humain et le divin.
Lorsqu'elle devient mortelle, elle peut à son tour donner naissance, être origine, comme si la création humaine ne pouvait se révéler que dans la finitude, comme s'il ne pouvait y avoir de sujet désirant qu'au risque de la mort ; tout se passe comme si le désir se forgeait dans le risque de la différence.

Quel terrible héritage, car métaphoriquement pour devenir sujet, c'est-à-dire des êtres vivants psychiquement capables de désirer, ne devons-nous pas tous sortir de l'état paisible mais stérile de l'ignorance de l'autre ? Cela voudrait dire que, pour advenir à nous-mêmes, il faut parvenir à reconnaître l'autre.

Pour qu'il y ait désir, il faut qu'il y ait altérité. Quand on reconnaît l'autre dans sa différence, alors il peut y avoir rencontre, union, échange, donc vie. La relation serait la rencontre de deux désirs qui se reconnaissent comme tels et s'acceptent mutuellement.

Tout un programme !

La reconnaissance de l'autre comme condition de la relation

Les enfants autistes ne parviennent pas à faire l'expérience de l'altérité. Pour eux, la différence est tellement intolérable qu'elle est de l'ordre de l'impensable, de l'inconcevable, et cette impossibilité de pouvoir se représenter l'autre dans sa différence les prive de leur subjectivité propre. Tant qu'ils sont dans cette insoutenable rencontre, ils ne parviennent pas à advenir à eux-mêmes. Tant que la rencontre est vécue sous son seul volet de menace d'anéantissement, l'enfant autiste ne parvient pas à construire son moi, à sortir de l'angoisse de morcellement, à éprouver un sentiment d'unité intérieure qui lui permet d'exister en face de l'autre.

Pour qu'il y ait relation, échange, partage, il faut pouvoir à la fois supporter cette peur de l'autre et accepter ce besoin de l'autre.

Mais cette rencontre ne peut s'effectuer qu'à travers une ambiguïté fondamentale, une ambivalence essentielle.

L'autre dans sa différence me trouble, me fascine, m'attire, m'intrigue, me séduit ; il génère des mouvements inverses : je voudrais m'approcher de lui et le respecter pour préserver ce trouble suave, mais en même temps il m'entrave, me dérange, me limite et je n'ai de cesse que de chercher à réduire, absorber, éliminer sa différence, ne faire qu'un avec lui.

La rencontre avec l'autre s'établit toujours au cœur d'un double mouvement qui me fait osciller en permanence entre la reconnaissance et la réduction de sa différence, entre le respect et l'annulation de cette différence, entre la tolérance et le rejet.

« Le "tu", disait Levinas, est une brèche dans la jouissance égoïste de mon ego repu de lui-même[1]. »

Sans l'autre, nous ne pouvons advenir à ce que nous sommes ; mais à cause de l'autre, nous ne parviendrons jamais à être totalement ce que nous sommes. L'autre

---

1. Emmanuel LEVINAS, *Autrement qu'être ou au-delà de l'essence*, Livre de poche, Paris, 1990.

toujours empiète sur ce que je suis, mais peut me permettre d'accéder à ce que je ne suis pas encore.

Sans l'autre, nous n'existons pas comme sujet singulier ; avec l'autre, nous sommes toujours menacés.

C'est dans cette confrontation incessante à l'autre que l'on s'affirme dans ses propres désirs. Pour désirer, il faut s'affronter. En tant que parents, nous devons opposer une résistance, telle que l'enfant puisse advenir à ses désirs.

La place faite à l'autre, qu'il soit ami, enfant, frère, sœur, conjoint, collègue, voisin… est toujours appréhendée au cœur de cette ambivalence fondamentale.

Que ce soit du côté des parents, dans les moments d'exaspération – « Mon enfant ne me laisse pas de temps à moi » « Il m'étouffe, il ne me laisse pas respirer » « Il est tout le temps dans les jupes de sa mère comme s'il voulait entrer en elle » – ou dans les moments de joie – « Il est beau à croquer » « Je l'adore » « Quand il se réveille de la sieste et qu'il est tout chaud encore de son sommeil, j'ai envie de le dévorer » ; que ce soit du côté des enfants – « Mon père est toujours sur mon dos » « Ma mère entre dans ma chambre comme si c'était chez elle, elle n'arrive pas à admettre que c'est mon territoire à moi » –, nos paroles disent au quotidien à quel point la différenciation peut être difficile.

Faire corps avec son enfant ?

La mère de Pierric explique : « Pierric n'a jamais connu son père. C'était un personnage important dans la ville où nous habitions, et j'ai toujours voulu protéger son anonymat. Il est marié et père de famille. Je n'ai jamais dévoilé à quiconque le nom de cet homme. Quelquefois nous nous revoyons, il aimerait connaître son fils, mais je me suis coincée moi-même, je ne sais pas comment m'en sor-

tir. Pierric n'a jamais posé de questions, j'ai toujours eu le sentiment que cela n'était pas un problème pour lui. »
Mais depuis quelque temps Pierric se replie sur lui, voit moins de copains, reste un peu confiné à la maison, ce qui n'est pas son habitude, il semble avoir perdu un peu de sa gaieté et sa mère s'inquiète.
Au demeurant, Pierric est un enfant qui ressent beaucoup les choses. Quand je le rencontre seul, il m'exprime assez rapidement le manque que représentent pour lui l'absence de père et les non-dits s'y référant. « Je n'ai jamais posé de questions à maman parce que je sais que ça la mettrait mal à l'aise, et qu'elle ne me répondrait pas, mais ça me manque de ne pas connaître mon père. »
Mais si ces non-dits l'ont sans doute inquiété, il a cependant pu jusqu'à présent se construire sans trop de difficultés. Se joue-t-il autre chose pour lui, à l'approche de son adolescence ?
Sa maman me dira quelque temps après : « En fait, j'ai longtemps aimé son père, je l'ai mis sur un tel piédestal que je n'ai jamais eu d'autres liaisons, il a été le seul homme de ma vie. »
Le rapport que sa mère entretient avec les hommes, la manière qu'elle a de les rendre inaccessibles interrogent sans doute son fils dans sa propre sexualité naissante. Comment peut-il accéder à son identité d'homme si elle est posée par sa mère dans un modèle d'inaccessibilité ? Comment peut-il se sentir autorisé à vivre la sienne propre si sa mère ne s'y autorise pas ?

Il ne sait pas encore qu'il a le droit d'exister différemment.

Bien sûr, cette mère est libre de faire les choix qu'elle veut et de les assumer comme elle le peut, sans que cela ait nécessairement de conséquences sur son fils. Encore faut-il que Pierric se réapproprie son corps ; qu'il se sente autorisé à vivre une sexualité différente de celle de sa mère. La mère n'a pas à changer ses valeurs. Les expliciter, les clarifier peuvent être suffisants pour qu'elle autorise l'enfant à vivre autrement, et qu'il ne se sente pas condamné à suivre le modèle de sa mère, en se rendant aussi inaccessible comme homme.

Parce que les liens des parents avec leurs enfants demeurent très charnels, il faut être particulièrement vigilants à ne pas faire d'amalgame, de confusion, de façon à considérer que le corps de notre enfant est irrémédiablement différent du nôtre. Cette vigilance, nous la devons à nos enfants, il nous appartient de la mettre en œuvre.

> Depuis qu'il est adolescent, Jérôme ressent en lui des tendances homosexuelles, qu'il ne s'autorise pas à agir. Il se marie avec Laetitia, avec laquelle il s'entend plutôt bien, ils ont ensemble deux garçons. Mais ce mariage ne lui permet pas de s'accomplir, de s'épanouir réellement. De plus en plus, il le pressent comme une concession aux normes sociales, et une rencontre lui confirme son homosexualité. Il lui fallut plusieurs années de mensonges aux autres et à lui-même pour en arriver à s'affirmer comme tel, explique-t-il.
>
> Il en parle à sa femme, qui ne comprend rien à ce qui lui arrive, se sent trahie, blessée dans son corps de femme.
>
> Le divorce est prononcé, laissant chacun en proie à sa souffrance et à une impossibilité de pouvoir la faire entendre à l'autre.
>
> Peu de temps après, Laetitia est saisie d'une crainte : au détour d'un dessin d'un de ses fils, qu'elle interprète comme représentant un sexe d'homme, elle interroge David : « C'est comme le zizi de papa, quand il prend sa douche avec son copain… »
>
> Elle ressent une profonde inquiétude et saisit le magistrat pour allégations d'attouchements, qui seront rapidement et totalement disculpées.

Laetitia, tellement blessée dans son corps, perdue dans ses repérages identitaires, interrogée au plus profond d'elle-même dans sa sexualité, a pu à un moment donné imaginer que le corps de ses enfants aussi pouvait être atteint dans leur intégrité par le choix de leur père.

Elle porta longtemps en elle le sentiment d'être meurtrie dans son corps ; ce fut tellement envahissant qu'elle ne put distinguer le corps de ses enfants et le sien.

Le fait qu'elle ait deux garçons a peut-être encore plus activé ses craintes.

Les corps parlent en silence, c'est bien pour cela qu'il est difficile de rétablir les différences. Il faut apprendre à les repérer et à les désigner, dans un effet récurrent.

Quand on mêle les petits aux « affaires » des grands

Quelquefois, les couples règlent sur le plan parental les difficultés qu'ils ont sur le plan conjugal, ou peuvent être amenés à compenser, réparer sur le deuxième registre ce qui ne va pas sur le premier ; l'enfant se trouve impliqué et peut perdre ses propres repères.

Françoise évoque sa vie de couple, elle explique que les relations avec son mari sont davantage des relations de frère et de sœur que de mari et de femme. « La vie sexuelle est pâle et morne, quasi inexistante. »
Elle ne se sent pas reconnue dans sa féminité, et a fini par être moins coquette.
Peu sollicitée par le désir de son mari, elle-même a fini par ne plus être à l'écoute de ses désirs ; du coup, Marc se sent abandonné comme homme.
C'est en effet d'une manière synergique que nos identités se façonnent, s'affirment, s'éveillent.
Ne parvenant pas à évoquer ensemble leurs difficultés, ils s'installent dans un *modus vivendi* auquel ils finissent par s'adapter. Ils ne s'entendent pas bien, mais en même temps ils ne sont pas prêts à se séparer.

Alors, quel est le problème, me direz-vous ? À leur niveau, aucun. Étant adultes, ils gèrent comme ils veulent ou peuvent leur vie. Mais au niveau des enfants, que se passe-t-il ?

> La sœur aînée de Christelle est partie à vingt ans de la maison, elle s'est mariée, a des enfants, et va à peu près bien.
>
> Christelle, pour sa part, déprime ; elle a vingt-deux ans et n'arrive pas à partir de chez elle. Elle a peu d'amis, pas de petits copains. Elle ne cesse de dire qu'elle ne veut pas vivre comme ses parents, mais en même temps elle est tellement liée par des loyautés à leur égard, elle sait tellement que le couple que forment ses parents ne tient plus que par elle qu'elle a du mal à s'affirmer dans sa différence. Elle est tellement engluée dans la problématique de ses parents qu'elle ne parvient pas à prendre sa vie et ses désirs en main.
>
> Elle se sent entravée dans son indépendance par une forte culpabilité.
>
> Christelle, placée ainsi dans une position de gardien de la citadelle, chargée de donner un sens à une relation quasi inexistante entre ses parents, porte à bout de bras cette charge qui peut lui donner l'illusion de toute-puissance ; et elle ne parvient pas à investir sa propre vie, ni à vivre ce que son corps a à vivre.

Ayant longtemps justifié son existence par cette fonction, elle a maintenant à s'en libérer et à se préoccuper de construire sa future vie de couple et de femme.

Pour ne pas faire porter à nos enfants les conséquences des choix que nous faisons ou que nous ne faisons pas, il est déjà important de nous rendre compte à quel point ils peuvent se sentir en loyauté à notre égard, à quel point cela peut les tenir « accrochés » à nous. Les choix que nous faisons ou que nous ne faisons pas placent nos enfants dans des positions dont ils peuvent avoir du mal à se défaire. Si nous sommes libres de mener notre vie comme nous le voulons, il faut néanmoins savoir que les choix que nous faisons ne sont pas sans conséquences sur nos enfants.

Ne pas charger l'enfant d'être notre porte-parole

Christian et Fabien vont vivre à leur insu une histoire qui n'est pas la leur. Ces deux frères vont se trouver chargés inconsciemment d'être les porte-parole de leurs parents. Dans cette situation douloureuse, ils vont gérer les conflits que leurs parents n'ont jamais pu affronter.

Quand Christian naît, c'est d'emblée un enfant difficile : mauvaises nuits, difficultés pour manger, caprices, nervosité. Évelyne s'arrête de travailler pour être plus présente. Elle aimait beaucoup son métier. Bien qu'elle le présente comme un choix personnel, qui ne fut pas imposé par Pierre, son mari, on peut supposer que ce fut pour elle un renoncement douloureux, qui pèse encore dans ses relations à son fils et à Pierre.

Fabien naît quelque temps après, il pose peu de problèmes, mais suscite beaucoup de jalousie de la part de son frère, dont le malaise s'accentue.

Quand Fabien a trois ans, et Christian six, Evelyne reçut une proposition professionnelle intéressante. De nouveau, elle y renonce ; elle estime que, compte tenu des difficultés d'intégration scolaire de Christian, elle doit rester auprès de lui.

Au fur et à mesure que les enfants grandissent, elle en veut à leur père, qui tout en lui exprimant sa confiance reste en retrait, ne s'implique pas dans l'éducation de ses enfants. Malgré ce poids sur les épaules d'Évelyne, les conflits n'éclatent jamais avec son mari ; elle n'exprime jamais clairement son ressentiment.

Plus elle est déçue par Christian, plus Fabien la comble, en devenant brillant en classe, ouvert, agréable. Plus l'un

s'affirme et se développe bien, plus l'autre devient difficile et va mal.
Elle a toujours répété, comme pour se convaincre elle-même : « Je fais pour mes deux fils la même chose ; je les aime tous les deux de la même façon. » Et pourtant les enfants perçoivent bien une différence.
Christian, au fur et à mesure, ressent sa mère comme une femme qui ne l'a jamais aimé, l'a même rejeté. Il ressent parfaitement la position qu'elle a par rapport à son frère. Progressivement, il se rapproche de son père et finit par faire alliance avec lui, il le perçoit comme étant lui aussi une victime de l'exigence de la mère. Devenu adolescent, il manifeste beaucoup d'agressivité à l'égard d'Évelyne et de violence à l'égard de son frère, au point de l'avoir un jour menacé d'un couteau.
Petit à petit, deux clans se constituent et s'opposent à l'intérieur de la famille. Pierre et Christian deviennent véritablement les ennemis de Fabien et d'Évelyne. Ces clivages douloureux les fragilisent tous.
La rivalité des frères met en acte les conflits qui sont toujours restés latents entre les parents, qui n'ont pu être abordés au niveau du couple.
Tout se passe comme si Évelyne avait chargé Fabien de dire ce qu'elle n'avait jamais pu dire à son mari, et comme si Pierre avait délégué Christian pour énoncer la blessure de son impuissance.

En mettant une chape de béton sur les différends qui les opposèrent, mais qui pourtant transparaissaient, les parents ont mis leurs enfants dans une position de délégués. Ces derniers se sont sentis investis d'une fonction, d'un mandat qui ne les concernait pas eux-mêmes mais qu'ils ont cependant repris à leur compte.

Ainsi, dans la relation éducative, on pourrait dire « à chacun son rôle ». C'est ainsi que la relation se maintient quand chacun joue sa partition. Peu importent les fausses notes, l'important c'est de ne pas jouer l'instrument d'un autre, de ne pas lire le texte d'un autre ; et comme dans toute pièce musicale ou théâtrale, il y aura des moments plus ou moins dramatiques, plus ou moins comiques, drôles. L'important, c'est de pouvoir de temps en temps accorder nos instruments.

Notre rôle de parents nous amène donc à jouer le chef d'orchestre ; la première tâche, c'est de veiller à ce que les partitions ne soient pas confondues, les violons ne doivent pas jouer la partition des violoncellistes ; la seconde tâche consiste à réguler les différences, l'orchestre ne doit pas couvrir la voix de la chanteuse. En un mot, il s'agit de les harmoniser de façon qu'elles se respectent mutuellement.

L'égalité entre frères et sœurs : un mythe dangereux

Sophie a sept ans. C'est l'institutrice qui a recommandé une psychothérapie.

Elle a de bons résultats scolaires, mais donne des signes d'un malaise évident : à la récréation, elle reste seule ou se montre très agressive à l'égard de ses petits camarades. En classe, il lui arrive d'être tellement fatiguée, lasse, qu'elle dort sur sa table. D'elle-même, elle a demandé à plusieurs reprises à aller à l'infirmerie. Elle a une attitude plaintive.

À la première consultation, sa mère est aussi accompagnée de Cyrille, cinq ans et demi. Alors que Sophie reste calme et réservée sur sa chaise, Cyrille s'agite et crée autour de lui un véritable tourbillon : il touche à tous les jouets, fouille partout.

À chacune de mes questions, il s'empresse de répondre en premier, sous le regard attendri de sa mère. Quand je m'adresse à Sophie, elle répond timidement sous l'œil sévère de sa mère, qui reprend toujours ce qu'elle dit, rectifie sans cesse quelque chose, renvoyant implicitement le message qu'elle ne sait pas tout à fait exprimer les choses.

Autant Cyrille est autorisé par sa mère à exister pleinement, à faire tout ce qu'il veut, trop sans doute, autant Sophie est censurée.

Malgré les signes apparents de tristesse de sa fille, de lassitude, sa mère a tendance à banaliser : « La maîtresse s'affole pour rien, il suffirait que je lui donne des vitamines, que j'arrive à la coucher tôt ; vous savez, elle aime bien se faire plaindre, Sophie. »

Assez rapidement, et sans que j'aie abordé le problème, cette maman se défend : « Il faut que je vous le dise, je ne fais aucune différence entre mes enfants ; on me dit souvent que mon fils fait de moi ce qu'il veut, ce n'est pas vrai, j'adore Sophie. »

Au cours des séances suivantes, je reçois Sophie seule, et elle ne tarde pas à livrer tout le poids de sa souffrance avec une maturité qui donne encore plus de gravité à ses propos.

« Il me prend tout mon air, Cyrille. Il m'empêche de vivre, je ne peux jamais respirer. Des fois, j'ai envie de le tuer. »

Cette violence rentrée, cette pulsion de destruction jusqu'à présent retenue et maîtrisée au prix d'une énorme perte d'énergie et d'une culpabilité dévorante ne risque-t-elle pas de se retourner contre elle-même ? « Tu sais, livre-t-elle dans un souffle, plusieurs fois j'ai déjà eu envie de me jeter par la fenêtre. À quoi ça sert de vivre comme ça, j'ai l'impression que personne ne m'aime, que je ne compte pour personne. Si je n'étais plus là, il serait bien content, mon frère. »

Paradoxalement, la rivalité est entretenue par le fait même que la mère n'admet pas les différences, et pourtant…

Tous les enfants sont différents au sein d'une même fratrie.

Chaque enfant naît à un moment précis de notre vie personnelle, de notre vie de couple. Ainsi, chacun va se trouver investi d'une fonction symbolique qui lui est propre.

Aucun enfant ne représente pour ses parents la même chose que ses frères et sœurs. D'emblée, dès la naissance, chacun a déjà une place particulière au sein de la fratrie.

> Jean-Pierre et Anne-Marie viennent de se marier ; ils nagent dans le bonheur : « Élodie a été l'enfant de l'amour, nous l'avons désirée fortement tous les deux. »
> Cependant, l'entente se dégrade, et bientôt ils ne partagent plus rien.
> Alors que des sentiments les attachent l'un à l'autre, ils aimeraient retrouver un nouvel élan amoureux.
> « Alors, on s'est dit qu'un deuxième enfant pourrait nous rapprocher. On a fait un deuxième enfant comme si on avait fait un deuxième mariage », explique Jean Pierre.
> « J'espérais que cela le rendrait plus attentionné à mon égard », avoue Anne-Marie.
> Mais les difficultés redoublent, et le couple se sépare.
> Élodie symbolise les espoirs du couple ; Aurélie symbolise l'impossible union, l'impératif de la séparation.

Avant même sa naissance, avant même sa conception, notre enfant existe dans un désir particulier, bien spécifique.

> Adrien est né alors que sa mère avait beaucoup de mal à avoir un enfant.
> Sa grossesse s'annonce quelques jours à peine après la mort de son frère. « J'adorais mon frère, explique-t-elle, j'ai toujours eu beaucoup d'estime pour lui ; la naissance d'Adrien, ça a été comme un signe, comme un don de mon frère mort. » Adrien portera en second prénom celui de son oncle décédé.

Nul ne peut échapper à cette fonction symbolique, chaque enfant se constitue à partir de ce qu'il représente fantasmatiquement pour ses parents ; le reconnaître permet de ne pas l'y emprisonner à jamais.

Avec aucun de nos enfants nous n'entretenons les mêmes relations. Moins on reconnaît ces différences, plus on risque de renforcer les rivalités. Nous n'aimons pas nos enfants pour les mêmes choses : on peut apprécier chez l'aîné sa créativité, son espièglerie ; chez le deuxième son calme, sa sensibilité ; chez le troisième, son indépendance d'esprit. Et on détestera chez le premier son désordre ; chez le deuxième son caractère têtu, et chez le troisième ses colères.

En reconnaissant ces spécificités inévitables, d'une part, on inscrit chacun dans sa singularité ; d'autre part, on évite alors que ces différences se transforment en comparaison. Nous aimons chacun de nos enfants pour des choses différentes ; plus on l'admet, moins on sera amené à établir un « hit-parade » entre eux, et on évitera les superlatifs tels que : « Pierre est plus habile que Sylvain. Michel est meilleur au foot que Jérémie. Julie est plus fine que sa sœur. »

« Différences » ne veut pas dire « préférences » ; tout l'apprentissage consiste d'ailleurs à repérer les différences sans porter de jugement de valeur.

L'expérience des relations fraternelles est à ce titre-là fondamentale pour les enfants qui la vivent. Elle peut être une initiation à l'altérité encore plus essentielle que la relation qu'ils établissent avec leurs parents.

« Ils sont comme chiens et chats, ils se disputent tout le temps, mais dès qu'ils sont séparés, ils n'ont de cesse que d'être ensemble. »

Les relations fraternelles s'établissent au cœur de mouvements contraires, faits de tolérance et de rejet, de rivalité et de complicité, d'affection et de haine.

Apprendre à nos enfants à les vivre comme initiation au respect des différences peut les aider dans leurs relations ultérieures.

De toute manière, ne vous faites aucune illusion, vous

pourrez autant que vous le voudrez gommer les différences, vous pourrez toujours avoir l'impression d'avoir fait pour chacun la même chose, à l'âge de vingt, trente, quarante ans ils vous reprocheront encore la gifle injustement reçue, parce que c'était vraiment à cause de l'« autre » que le miroir avait été cassé ; le cadeau d'anniversaire somptueux reçu par le petit frère à côté du présent bien modeste presque mesquin qu'il reçut, lui, et ils oublieront en revanche tout le meilleur de ce que vous aurez pu donner. Classique !

Exercice n° 6
Nommer les différences

1. Êtes-vous plus mère/père que femme/homme ?

2. Faites deux colonnes. Dans la première, notez, les uns à la suite des autres, les adjectifs qui qualifient votre attitude parentale, sans chercher à analyser quoi que ce soit.
Dans la seconde colonne, faites de même pour les adjectifs qui qualifient votre attitude et votre comportement à l'égard de votre compagnon ou votre mari.
Une fois que vous avez fini, comparez les deux colonnes. Qu'en pensez-vous ?
Surtout si vous avez l'impression que certaines choses seraient à changer, n'en faites rien, cela modifierait trop de choses, continuez à rester un peu plus mère si c'est votre cas !

3. Si vous avez plusieurs enfants, rappelez-vous à quel moment de votre vie personnelle, dans votre vie de couple, chaque naissance a eu lieu. Rappelez-vous quels événements importants se sont passés autour de chaque naissance.

4. Pour chacun d'eux, qu'est-ce que cet enfant a pu représenter pour vous à ce moment-là ? Pouvez-vous essayer de définir quelle était sa fonction symbolique ? En quoi cela a-t-il influencé votre comportement ? Qu'en pensez-vous ? Est-ce que certaines choses ont évolué ?
5. Pour chacun de vos enfants, notez les cinq choses que vous appréciez le plus et les cinq choses que vous détestez le plus. Qu'est-ce que cela induit dans votre comportement à l'égard de chacun d'eux ? Pensez-vous qu'ils ressentent ces différences ? Comment faire pour qu'ils ne les vivent pas comme des préférences ?

☐ Si vous éprouvez le besoin de réfléchir davantage à cette question, alors interrogez le site Internet : grandiravecsesenfants.com.

AUTORISONS NOTRE ENFANT À ÊTRE ÉGOÏSTE

L'enfant n'est pas seulement une victime de ses parents, lui aussi de son côté, il est très vite acteur de la relation et peut l'orienter dans un sens ou dans un autre. Il a une responsabilité plus grande qu'il n'y paraît. Il peut avoir tendance à « en faire trop » pour nous, il est important de repérer à quel moment, de manière à le lui interdire.

Lui interdire d'en faire trop pour nous

Quelquefois, l'enfant peut avoir tendance à prendre en charge ses parents sans qu'apparemment il lui ait été demandé quoi que ce soit. Tentons de le repérer pour l'éviter.

Anthony, quatorze ans, est en difficulté scolaire. Depuis qu'il est petit, il n'est « que le fils de son père ».
Celui-ci d'ailleurs explique : « Mon épouse n'a jamais été capable de nous différencier ; elle nous assimilait toujours. »
Ainsi, quand Anthony pressent le départ de sa mère, il s'est littéralement mis dans la balance, il lui a dit : « Si tu pars, tu ne nous revois plus. » Ayant le sentiment de ne plus réellement compter pour sa mère, il ne peut pas prendre le risque de se désolidariser de son père ; il renforce ainsi auprès de celui-ci son soutien, sa présence ; il fait sienne la détresse de son père.
Il fait tout pour faire plaisir à son père, ne sort pas, n'a pas ou peu d'amis ; trop sage ! Englué dans des loyautés excessives à l'égard de son père, il se prive de sa propre existence, sans que son père lui ait rien demandé.

Les enfants aussi font des projets pour leurs parents, ils les voudraient « solides », heureux, puissants, respectés, et ils peuvent se donner comme tâche de leur apporter ce qui leur manque, de venir à la place de leur incomplétude. Ils voudraient que leur père et leur mère se rapprochent au plus près de figures idéales.

Kévin, onze ans, est amené en consultation pour des problèmes de comportement à la maison et à l'école : il est insolent, il ment.
Ses parents ont divorcé depuis trois ans, sa mère s'est remariée, son père vient de refaire sa vie. Pendant un an, à la suite du divorce difficile, il fut mis en pension et vécut cela comme une perte d'amour qui l'a laissé profondément insécurisé quant à ce qu'il représentait pour ses parents. Son angoisse d'abandon est extrême, bien qu'il la dissimule derrière un aspect de « caïd endurci » pour donner le change.
Sa mère est partie à l'étranger. Il vit à présent chez son père et n'en demeure pas moins inquiet.
Très vite, Kévin montre à quel point il ne supporte pas la position de son père vis-à-vis des femmes. « C'est comme

un toutou, ma mère, elle disait une chose et il obéissait. Là, c'est pareil, avec Stéphanie, il suffit qu'elle lui dise quelque chose pour qu'il l'écoute. »
Cette image paternelle le blesse, il veut la restaurer, alors même que son père se trouve très heureux avec sa nouvelle femme et ne semble pas pâtir de sa position.

Quand un enfant a l'impression qu'un de ses parents se trouve affaibli, il peut se donner, inconsciemment, comme mission d'avoir à réparer cette faiblesse, il cherche à soutenir ce parent, il s'identifie à lui et va mener au nom de celui-ci – qui n'a peut-être rien demandé – un combat de restauration, lourd à porter. Kévin voudrait se mettre à la place de son père et combler, compenser ce qui lui fait défaut ; se posant littéralement dans le prolongement fantasmatique de son père, s'instituant comme la puissance qui lui manque.

L'enfant, en quête infinie d'amour et de reconnaissance, pense inconsciemment pouvoir, en retour de son soutien, « garantir » l'attachement du parent. Par peur d'être oublié, pour pouvoir être le « préféré », il se met à trop aimer l'un de ses parents ; il va en faire trop pour lui. Il se constitue alors comme l'objet de leur manque, il reste collé à eux, dans une fiction de lui-même, dans un semblant d'existence, à l'ombre de son identité propre, dans une position illusoire de toute-puissance.

Il porte à bout de bras la fragilité de ses parents, et ne s'autorise pas la sienne.

Notre responsabilité extrême consiste à interdire à ces enfants d'avoir à porter notre détresse.

Respecter notre enfant, c'est peut-être lui accorder le droit d'être égoïste.

Lui restituer son énergie

Alors, que fait-on de notre faiblesse quand on est parent, de notre détresse ?

Ce n'est pas notre fragilité qui pose problème, nous n'y échappons pas. Ce qui pose problème, c'est de laisser notre enfant la prendre en charge quand, à un moment donné, on le laisse devenir notre soutien. Là, il faut parvenir à lui restituer sa liberté ; il faut dire « stop ». Aucun enfant n'est tenu de prendre en charge la souffrance de ses parents.

Dans cette proximité extrême de vécus, d'affects, dans ces résonances impalpables et puissantes qui relient les enfants et leurs parents, encore une fois, au-delà de ce qui peut être dit explicitement, il y a un moment où nous devons interdire à notre enfant d'avoir à prendre à son actif notre propre passif.

Il y a un moment donné où il faut lui restituer dans un geste d'une extrême générosité son propre vécu, ses propres forces, sa propre énergie ; elles lui appartiennent, nous n'avons pas le droit de les lui prendre. Nous ne devons en aucun cas nous complaire dans ce prolongement fantasmatique qu'il nous offre, dans l'amour excessif qu'il nous offre. Il n'est pas là pour cela.

Quand on est parent, il est tentant de se laisser rassurer, et il est tentant de croire que notre enfant peut combler notre solitude ou restaurer la complétude perdue.

Il y a quelque chose du forçage à mettre en place, en lui faisant entendre avec fermeté : « Tu n'as pas à te préoccuper de la détresse de tes parents et encore moins à t'en sentir responsable. »

Il faut libérer notre enfant d'avoir à nous aider ; il faut le libérer d'avoir à nous faire exister.

Sous prétexte que nous n'avons pas la force d'affronter notre souffrance propre, nous n'avons pas le droit d'y enfermer notre enfant. Il n'est pas le prolongement de nous-mêmes, notre reflet à l'identique. Par peur de nous éprouver nous-mêmes, peut-être d'entendre nos propres désirs, notre propre réalité, il est trop facile de lui faire porter ce qui nous fait souffrir.

EXERCICE N° 7
PRATIQUER LE PARADOXE : IMPOSER À SON ENFANT SON AUTONOMIE

1. Quelles sont les préoccupations que vous avez en ce moment dans votre vie personnelle ? Qu'est-ce que vos enfants en perçoivent selon vous ? Lequel parmi vos enfants y est davantage sensible ? Pourquoi, selon vous ?
   Demandez-vous si vous avez tendance à le maintenir dans une position d'aide, de soutien à votre égard.
   Comment pourriez-vous faire autrement ? Comment lui imposer de ne plus se préoccuper de vous ? Si vous y parveniez, qu'est-ce que cela libérerait chez votre enfant ? Qu'est-ce que cela libérerait pour vous ? Cela vaut-il la peine d'essayer ? Comment y parvenir ?
2. Pour que votre enfant vous « lâche » un peu, qu'est-ce que vous pourriez changer dans votre comportement ? Considérez une chose, une seule, à transformer dans votre attitude, que vous vous sentez réellement prêt à modifier ? Commencez par quelque chose de simple et de relativement facile pour vous.
   Ne vous préoccupez pas de ce que l'autre parent devrait ou non changer lui aussi, ni de ce que votre enfant devrait faire. Préoccupez-vous de vous seul.
3. Qu'attendez-vous de cette modification pour vous-

même, pour la relation à votre enfant ? Est-ce que cela devrait vous permettre de respirer davantage ? Si cela vous dégage du temps à vous, comment allez-vous l'occuper, qu'est-ce qui vous ferait plaisir de faire pendant ce temps libéré ? Vous sentez-vous prêt à commencer ?

4. Reprenez cet exercice d'ici quinze jours, puis un mois, observez-vous des changements dans l'attitude de votre enfant, dans la vôtre ?

☐ Tant que vous n'avez pas ressenti que cela vous allège, allège la relation à votre enfant, que cela respire un peu plus entre vous deux, reprenez l'exercice depuis le début.

Notre responsabilité absolue : préserver les liens

Le parcours de notre enfant est donc forcément chaotique, fait d'errances et d'erreurs, d'hésitations et de retournements ; c'est ainsi qu'il se cherche. Au cœur de ces divers méandres, nous devons répondre toujours présent.

L'enfant se cherche. Il se cherche parmi les modèles imposés par ses parents, par ses amis, par les modes, les médias, il ne sait pas très bien qui il est vraiment, qui il veut être, qui il peut devenir. Il va forger son identité propre dans une confrontation permanente entre toutes ces images, dans une synergie incessante qui le mènera au fur et à mesure au plus près de lui-même.

Ce cheminement vers son individuation ne peut pas être linéaire. De son côté, il y aspire, mais il en a peur. De notre côté, il y a des moments où nous sommes plus prêts à le « lâcher » que d'autres.

En fait, l'enfant a deux besoins contraires, qui le font

naviguer entre deux mouvements antagonistes : il a besoin d'éprouver quelque chose de l'ordre de la fusion, et il a besoin de vivre quelque chose de l'ordre de la provocation. Et nous devons répondre présent aux deux.

Particulièrement marquants à l'adolescence, ces processus sont à l'œuvre très tôt, dès l'âge de la découverte du « non ».

C'est dans la confrontation qu'il accède à ce qu'il est, et à ce qu'il ne veut pas être, et c'est dans la fusion qu'il trouve la force de s'opposer. À partir de ces moments précieux et apaisants où il s'éprouve comme « semblable », « identique » à ses parents, l'enfant va commencer à supporter le risque d'affirmer sa singularité.

À l'inverse, en se confrontant à un adulte, il pourra petit à petit délimiter les contours de ses différences.

Cela se manifeste entre autres par une succession de mouvements d'identification et de rejets de ces identifications. Le jeune enfant voudra parler, se faire comprendre pour « devenir comme les grands », mais à sa façon à lui ; la petite fille, le petit garçon accéderont à leur identité sexuée en voulant ressembler à leur père et à leur mère, dans des processus complexes. Puis, devenus adolescents, ils rejetteront les modèles parentaux et auront besoin de s'identifier à leur groupe d'amis, et à ne faire qu'un avec eux, dans une recherche nouvelle de fusion, jusqu'au moment où ils rencontreront l'« âme sœur ». Ils se sépareront alors de leur groupe d'amis et devront apprendre bientôt à se différencier de leur « alter ego », pour assurer la durée de leur couple et éviter de rester trop longtemps dans un fonctionnement fusionnel sclérosant, et ainsi de suite…

Pour pouvoir s'affirmer dans sa subjectivité propre, il est important à un moment donné de pouvoir s'identifier à quelqu'un, et il est tout aussi important de pouvoir se défaire de cette identification, pour parvenir, au bout d'un long parcours, à être le plus fidèle possible à soi-même.

Ainsi, les parents doivent à la fois constituer des supports d'identification suffisamment forts pour que les enfants aient envie de leur ressembler et supporter d'être rejetés pour que leurs enfants puissent passer à autre chose et aller de plus en plus vers eux-mêmes.

Les parents doivent en fait eux aussi devenir de plus en plus eux-mêmes, de manière à opposer à leurs enfants une résistance, et à ne pas se laisser entamer par cette confrontation nécessaire. Quelquefois, nous nous sentons tellement menacés par les remises en cause de nos enfants que nous nous fermons à eux, nous n'entendons rien de ce qu'ils nous disent. Pourtant, ils éveillent en nous des questions, qu'il est important de prendre en compte, c'est aussi à ce prix-là que nous parviendrons à entendre ce qui nous habite.

Restons ouverts aux interrogations que l'enfant éveille en nous

Annick et Philippe se sont mariés jeunes, ce fut le coup de foudre, une véritable passion, et pourtant les déceptions mutuelles ne tardent pas à rendre douloureuse la vie de couple.

Les enfants arrivent très tôt et relativement rapprochés. Antoine a huit ans et se retrouve entre deux sœurs, l'une de dix ans, l'autre de sept ans.

Annick, très rapidement, a le sentiment que son couple n'existe pas. Elle est entièrement accaparée par les enfants, elle prend tout en charge ; elle se sent plus mère que femme et cela la fait souffrir, parce qu'elle pensait pouvoir faire autrement. Elle en veut à Philippe, qui lui laisse assumer tout ce qui concerne les enfants. Philippe, de son côté, se sent exclu comme père et non reconnu comme homme.

Aucun des deux ne se sent valorisé par l'autre, n'a la place qu'il voudrait avoir, ne peut se réaliser dans son identité.

Le couple n'est pas un lieu d'assurance identitaire pour eux.

Ils ont tous les deux l'impression de ne pas exister et de passer à côté d'eux-mêmes.

Le dialogue est devenu impossible, ils ne parviennent pas à se dire à quel point ils sont blessés par leurs attentes déçues. Chacun a l'impression d'avoir beaucoup donné et d'avoir dû renoncer à beaucoup de ses désirs. Ils souffrent profondément, chacun de son côté, et se replient, jusqu'au jour où ce conflit sous-jacent, cette souffrance latente explosent.

> Philippe donne à Antoine une gifle extrêmement violente, qui laisse le visage de son fils tuméfié pendant plusieurs jours ; il a peur de cette violence qui l'a débordé, et il s'interroge.
>
> Profondément déstabilisant pour tout le monde, cet événement va cependant permettre à toute la famille de repenser différemment la place d'Antoine, imposant à chacun la nécessité de changer de mode relationnel. Il s'est avéré que l'équilibre auquel chacun aspirait passait par une refondation des liens père-fils et une redéfinition de la relation mère-fils.
>
> Dès sa naissance, Antoine, en effet, est le « fils de sa mère », alors que ses deux sœurs sont les « filles de leur père ». Philippe se plaint. « Je ne peux pas lui faire une réflexion sans qu'elle sorte ses griffes. »
>
> Tout le problème d'Antoine, d'ailleurs, se structure autour de sa difficulté à se faire reconnaître comme le fils de son père, il se trouve dans une quasi impossible identification. Philippe, en effet, a du mal à admettre la fragilité de son fils – il pleure souvent, il est craintif, pas assez bagarreur à son goût, il reste dans les jupons de sa mère. Le père ne supporte pas ce qu'il prend pour de la vulnérabilité chez

son fils, comme si cela le blessait dans son image d'homme, dans son identité de père.
Plus Philippe refuse ce qu'est Antoine, plus celui-ci recherche une reconnaissance paternelle. Moins il la trouve, plus il a besoin de le provoquer.
Tout se passe comme si le déclenchement de la violence était le seul moyen qu'Antoine avait pour se prouver qu'il existait bien aux yeux de son père.
On peut aussi se demander si Antoine ne développe pas cette attitude pour mettre à distance sa mère et permettre une différenciation entre eux deux.
Quoi qu'il en soit, il semble urgent de permettre à Antoine de sortir de ce registre pour pouvoir se poser comme le fils de son père.
Malgré les coups reçus, Antoine demeure très demandeur à l'égard de son père, et cette recherche de reconnaissance l'envahit : « J'ai la tête prise par tout ça. »
C'est avec beaucoup d'émotion et de sincérité que Philippe s'interroge : « J'ai toujours souffert en tant qu'homme de ne pas pouvoir montrer ma sensibilité, de ne pas avoir le droit à des défaillances, alors j'ai fait peser sur mon fils des exigences trop grandes, je ne l'accepte pas pour ce qu'il est. Il me renvoie de moi une image de fragilité que je ne veux pas admettre ; je me suis toujours battu pour me montrer fort. »

L'enfant inévitablement interroge en profondeur notre identité et éveille en nous, par ce jeu de ressemblances et de différences, bien des aspects de nous-mêmes que nous n'avons pas encore acceptés. Par ce qu'il devient, notre enfant met le doigt sur des blessures identitaires que nous ne voulons pas voir. Il fait émerger bien des doutes, bien des questionnements sur lui et sur nous.

Plus nous acceptons d'affronter ces doutes, ces questions, plus nous pourrons nous affirmer dans notre singularité, car jamais nous n'en finissons de courir après ce que nous sommes. C'est aussi de cette manière que nous pourrons préserver la mobilité nécessaire à la relation, qui nous évitera de la bloquer, de la verrouiller par peur de nous affronter nous-mêmes.

Ne pas lui en vouloir, s'il n'est pas comme on voudrait qu'il soit

Au cours d'une procédure de divorce, je rencontre le père de Steffen, treize ans. Il m'en parle en ces termes : « Je me fais beaucoup de souci pour lui, il traîne dans la rue avec des copains, il fréquente des voyous et, comme il est très influençable, j'ai peur qu'il fasse comme eux. »
Sa mère le présente d'une manière opposée. « Il est adorable avec moi, je n'ai pas à me plaindre de lui. C'est vraiment un fils attentionné ; quand je lui demande quelque chose, il m'obéit. »
Perplexe, je me demande comment est Steffen : plutôt prédélinquant ou plutôt enfant de chœur ? Comment parvient-il à s'y retrouver au milieu d'images aussi contraires ?
Bien évidemment, c'est un troisième Steffen que je découvre, très espiègle, d'une intelligence vive et pertinente, mesurant parfaitement le pouvoir qu'il a sur les adultes, mais aussi les limites qu'il doit respecter avec chacun d'eux, plutôt bon enfant, bon garçon et jouant de toutes ces contradictions.
Peut-être était-ce un moyen pour lui de préserver une part de liberté, une bouffée d'oxygène nécessaire dans le conflit qui opposait son père et sa mère.

Nous ne voyons jamais notre enfant comme il est parce que nous le regardons à travers le prisme de toutes les projections que nous pouvons faire sur lui. Nous projetons sur lui l'image de l'« enfant fantasmatique », l'enfant que nous attendons au regard de notre vécu infantile ; l'« enfant imaginaire », celui que nous projetons au regard de notre vie présente, et à côté de cela il y a l'enfant réel.

C'est en acceptant le mieux possible ces décalages, ces synergies, que nous montrons à quel point nous respectons notre enfant.

Accompagner notre enfant sur le chemin de lui-même, c'est le reconnaître dans les différentes personnalités qu'il peut avoir, c'est accepter cette part d'étrangeté inéluctable qu'il nous oppose ; le lieu de son étrangeté lui appartient, il est inaliénable, c'est là que se forge et se constitue réellement sa liberté. Respectons au plus haut point cette part de lui qui nous échappe.

Refonder les liens, en permanence

« Ma fille fréquente un garçon que je refuse de recevoir chez moi. Si elle décide de vivre avec lui, je ne la considère plus comme ma fille, je choisis de ne plus la voir. »

« Depuis le divorce, mes enfants me tournent le dos, ils ne veulent plus me voir, ils ne m'appellent pas pour la fête des pères, ni pour mon anniversaire. Ils peuvent attendre… s'ils ne viennent pas vers moi, je ne ferai pas le premier pas. »

« Mon fils est homosexuel, je ne veux plus le recevoir chez moi. »

Si nous pouvons exprimer nos désaccords, si nous pouvons dire la souffrance que nous éprouvons devant le fait que notre fils, notre fille ne soit pas comme nous aurions voulu qu'il soit, nous n'avons pas le droit de rompre les liens au nom de cette différence ; nous n'avons pas le droit de les rejeter au nom de la singularité qu'ils expriment.

Notre responsabilité est ici indéclinable : quelle que soit notre blessure, nous avons à refonder les liens, à partir de cette réalité de lui qui s'impose, encore et toujours.

Nous n'avons pas le droit de nous absenter de la relation parce que les choses ne se présentent pas comme nous l'avions projeté, et ce sera à nous de prendre toujours et encore l'initiative de la réconciliation.

Notre rôle de parents, c'est d'assurer le maintien d'une relation qui serve de contenant aux différences, en leur permettant qu'elles se reconnaissent comme telles.

N'est-ce pas la meilleure façon de mettre en œuvre l'altérité, aspiration éthique de bien des pères et de bien des mères ?

3

Préserver la double filiation de l'enfant

Permettre à l'enfant de se reconnaître dans sa double filiation

Les repères disparaissent, apprenons à nous en passer

« Les enfants manquent de repères. »
« Ils ne savent pas ce qu'ils veulent. »
« Ils n'ont pas envie de faire grand-chose. »
« Ils ne savent pas s'engager. »

Voilà un certain nombre de reproches que nous pouvons adresser à nos enfants, quand nous estimons qu'ils n'ont pas assez de prise sur leur vie, qu'ils ne sont pas prêts à prendre à bras-le-corps leur existence. Quel que soit leur âge, nous trouvons qu'ils ne manifestent pas beaucoup d'énergie pour s'accrocher au travail. Et, bien entendu, nous nous heurtons à un « Mais vous, vous êtes toujours stressés, vous ne voyez que le mauvais côté des choses, vous n'êtes pas assez *cool.* »

Bref, comment les rendre plus responsables d'eux-mêmes sans les angoisser davantage ? Comment leur permettre de prendre en compte les contraintes de la réalité sans les démobiliser ?

Certes, le monde actuel n'offre pas toujours de points de repère, et il risque d'en offrir de moins en moins. Toute la question est de savoir quels projets faire quand tout change à la vitesse grand V ?

Il faut désormais, à tout âge, apprendre à s'orienter sans points de repère préétablis. Ou plus exactement, apprendre à se forger soi-même les guides, les points d'appui qui vont se révéler nécessaires.

En tant que parents, nous devons nous y préparer nous-mêmes et y préparer nos enfants.

Pour savoir où il va, tout individu a besoin de savoir d'où il vient.

En inscrivant nos enfants dans leurs racines, plus exactement dans leur double filiation, nous leur fournissons des points d'ancrage solides et des assises fortes à partir desquels ils vont pouvoir orienter leur vie, faire des projets.

Nous disposons là d'une richesse insondable, et, cependant, nous nous en privons et nous en privons souvent nos enfants, sans nous en rendre compte, parce que nous ne mesurons pas assez l'importance de ce que représente la double filiation.

L'aider à nommer sa double origine

Léa est une belle petite fille, aux yeux vifs et curieuse de tout.

Je rencontre d'abord son père et sa mère. Parents adoptifs, ils n'avaient pas encore révélé à Léa sa situation. Elle allait vers ses cinq ans, et ils estimaient que le moment était venu, mais ils n'étaient pas tout à fait prêts à le faire, ne savaient pas comment s'y prendre et avaient peur que cette révélation soit difficile à assumer pour Léa.

Tout se passait plutôt bien avec cette enfant, et ils craignaient de perturber un équilibre évident.

Tout épanouie, Léa me parle aisément de ses parents, et elle évoque assez rapidement un « souci » de sa mère : « Tu sais, me confie-t-elle quand nous nous retrouvons toutes les deux, elle ne dort pas bien.
– Ah bon ? Mais toi, tu as peut-être une idée de ce qui pourrait aider ta maman à mieux dormir ?
– Oui, dit-elle après quelques instants de réflexion.
– Et si tu dessinais ta solution ?
– Ça, c'est maman ; et à côté, des graines de maïs qui poussent.
Après un temps d'arrêt, elle poursuit.
– Pour qu'elle dorme bien, il faudrait qu'elle ait une graine qui vienne dans sa tête. » Elle dessine aussitôt une graine dans la tête de sa maman. « Et puis non, les graines, ça peut pas pousser dans la tête, ça pousse dans le ventre… » Et elle dessine une graine dans le ventre de sa maman.
« C'est magnifique ce que tu fais là, et ça va aider maman ?
– Oui, tu vas voir… » Prise de frénésie, comme si quelque chose s'était libéré en elle, elle fit germer près d'une vingtaine de graines qui fleurirent dans tout le corps de sa mère.
« Maman, elle a envie d'avoir une graine dans son ventre… Après cela, elle va bien dormir. »
Dessin superbe, haut en couleur, presque en odeur tellement ses graines avaient donné de jolies fleurs multicolores, épanouies comme Léa, dessin riche de sens également. Alors, bien entendu, nous ne sommes que dans l'interprétation, et toutes les erreurs sont possibles. Mais il me semblait que Léa venait de m'expliquer de façon métaphorique tout ce qu'elle avait perçu de sa situation, avec une clairvoyance extraordinaire. Tout laisse à penser qu'elle sait, mais d'un savoir indicible, qu'elle n'est pas « sortie » du ventre de cette mère. Sans doute aussi avait-elle discerné d'une manière indéfinissable que sa mère en avait souffert, que cela l'empêchait pour le moins de dormir. Mais Léa me semblait à l'aise avec tout cela, se sentant suf-

fisamment rassurée par son environnement affectif actuel ; elle me semblait prête à entendre ce que ses parents n'étaient pas encore tout à fait prêts à lui dire.
Le temps venait en effet où il fallait l'aider à mettre des mots précis, à nommer la réalité pressentie de façon qu'elle puisse, par cette désignation, lui donner un lieu psychique, dialoguer avec elle, lui faire une véritable place en elle, l'intégrer.

Un enfant naît d'un homme *et* d'une femme, et il demeurera toujours, sur le plan symbolique, fantasmatique, l'enfant de ses deux parents, qu'ils soient présents ou non, qu'ils soient vivants ou non.

Que son père et sa mère vivent ou non ensemble, que la communication soit rompue avec l'un ou avec l'autre de ses parents, il n'en demeure pas moins pour autant inscrit symboliquement et de manière indélébile dans sa double filiation, dans sa double appartenance.

S'il est adopté, il est aussi inscrit dans deux filiations : celle de ses parents biologiques *et* celle de ses parents adoptifs.

Il ne s'agit nullement de dire qu'il faut deux parents pour élever un enfant, mais il s'agit de permettre à l'enfant de se situer par rapport à ses origines, il faut qu'il puisse dire : « Je suis le fils, la fille de ce père *et* de cette mère. »

Il doit pouvoir nommer sa double appartenance, même si certaines circonstances l'amènent à ne plus vivre avec l'un ou l'autre de ses parents. Il est important d'évoquer avec lui ce père emprisonné, cette mère décédée, car des liens fantasmatiques continuent à exister au-delà de la présence physique. Nul n'échappe à ses filiations.

L'enfant sait inconsciemment ce qu'il en est de sa double appartenance. S'il ne parvient pas à donner un lieu psychique à ce qui fut inscrit dans son corps, cela peut l'entraîner, sous une forme ou une autre, vers une recherche inlassable de cette filiation fantôme. S'il ne parvient pas à faire le récit de ses origines, il risque d'être sans cesse à la recherche de lui-même. Comme si une part de lui-même lui échappait, comme s'il ne pouvait rattraper ce qui pourtant existe en lui. Cette recherche peut le hanter littéralement, peut le conduire à répéter certains comportements le privant de l'accès à sa véritable vie, d'une grande part de son énergie psychique.

Charlotte a huit ans ; elle fut adoptée à six mois. Elle est particulièrement instable. Aussitôt qu'elle a des copines, elle ne tarde pas à se fâcher avec elles. Elle a commencé plusieurs activités, elle se lasse vite et les arrête. En classe, elle mémorise peu. « Elle ne fixe rien », dit la maîtresse. Au cours des séances, elle commence un dessin, ne le finit pas, en commence un autre et ainsi de suite. Elle n'arrive pas à prendre place dans l'existence. Son sentiment d'insécurité intérieure est tellement fort qu'elle lutte contre cela par une grande activité. Rien ne s'inscrit en elle. Elle est comme une pile électrique, qui se décharge sans cesse. Pourtant, ses parents sont attentifs, aimants, mais ils sont démunis. « On lui a expliqué très tôt qu'elle a été adoptée. » Certes, mais il s'avère qu'ils n'ont jamais évoqué avec elle leur propre vie avant l'adoption, la période où a pris forme leur désir d'adopter. Charlotte a besoin de sentir qu'elle a été portée par le désir de ses parents. Pour qu'elle ait une image positive d'elle-même, qui lui donne le courage de poursuivre ce qu'elle commence, elle a besoin de découvrir qu'elle n'est pas seulement la résultante de deux échecs : l'abandon de la mère biologique, la stérilité de ses parents adoptifs. Commencer sans cesse les choses, c'est comme si elle cherchait à se donner naissance à chaque fois, comme si elle répétait un acte qu'elle n'arrive pas à nommer, qui demeure insaisissable. Elle n'a pas suffisamment entendu le récit de la naissance du désir de ses parents adoptifs, elle n'a pas suffisamment entendu qu'elle avait été portée par leur projet. Pour qu'elle puisse s'inscrire dans son histoire, il faut qu'elle puisse entendre l'histoire de ses parents adoptifs.

La filiation a à voir avec les origines, c'est-à-dire avec l'angoisse de vie et l'angoisse de mort. Un enfant a besoin qu'on lui fasse le récit de ses origines pour prendre place dans la vie. C'est au cœur de ce récit qu'il forge un sentiment de sécurité intérieure qui lui est utile pour entrer en relation avec les autres.

Pour qu'il grandisse, on peut l'aider à planter ses racines solidement dans le sol. C'est ainsi qu'il nourrit son sentiment d'exister. Sans cela, vous pouvez être les parents les plus formidables, le désir de vie risque de se perdre dans une absence de sens.

Nommer les deux origines permet à l'enfant de ne pas s'enfermer dans le repli identitaire de l'une ou de l'autre. S'il se reconnaît « Dupont », comme sa mère, et aussi « Durand », comme son père, les deux filiations se compléteront, s'équilibreront, se contrebalanceront. En lui, il expérimentera les processus d'intégration plutôt que ceux d'exclusion.

Et pourtant, cette double inscription, si essentielle, ne va pas de soi. Que l'on vive en couple ou non, quelle que soit notre situation familiale, il y a des embûches, des pièges qui là aussi peuvent contrarier notre bonne volonté. Apprenons à les déceler, et si possible à les dépasser.

Exercice n° 8
Faites le « conte »

1. De quelle région êtes-vous originaire ? De quelle région le père de votre enfant est-il originaire ? Que connaissent vos enfants à ce propos ? Faites-leur le récit des coutumes, des légendes de ces régions. Faites avec eux des recettes traditionnelles.
2. Où votre enfant est-il né ? Recherchez avec lui des éléments caractéristiques de cette région. Qu'est-ce qu'il est important qu'il connaisse selon vous ?
3. Au moment de votre naissance, de celle de son père, de celle de vos enfants, quels étaient les événements importants de l'époque, actualité dans le pays, événements mondiaux, découvertes scientifiques, inventions technologiques, modes, musiques…
   Racontez-le aux enfants.
4. Si vous êtes des parents adoptifs, évoquez vos origines, les événements qui avaient lieu au moment de l'arrivée de votre enfant ; et renseignez-vous sur sa culture d'origine. Montrez-lui l'intérêt d'appartenir à plusieurs cultures.
5. Si votre enfant ne peut plus voir l'un de ses parents, décès, maladie, éloignement…, évoquez avec lui des souvenirs heureux de cet autre parent, de manière qu'il puisse intérioriser une image non morbide, moins dramatique que celle qu'il s'est peut-être forgée.
6. Surtout, laissez votre enfant vous interroger, entendez les questions qu'il se pose et qu'il n'ose pas vous poser. Repérez ce qui le rassure dans les récits que vous lui faites et ce qui l'inquiète. Profitez-en pour le rassurer au maximum, de façon que le conte de ses origines puisse vraiment lui servir de point d'appui pour affronter les rigueurs et les épreuves de la vie.

L'ARRIVÉE D'UN ENFANT : UN PASSAGE PÉRILLEUX POUR LE COUPLE

La naissance, un heureux événement bien paradoxal

« C'est après la naissance d'Aurélie que ça s'est dégradé, c'est comme si j'avais deux enfants à la maison, c'était devenu insupportable. On s'est séparés », se plaint cette jeune mère.

« Depuis la naissance de Paul, il n'y en avait que pour le bébé, sa mère ne m'adressait plus un regard, c'est comme si je n'existais plus ; j'ai fini par me détacher d'elle et je suis parti », regrette ce père.

Même désirée, et accueillie avec une joie infinie, l'arrivée d'un enfant représente une étape périlleuse pour un couple.

Le passage de deux à trois ne se fait pas sans frictions, sans remous. Il renvoie chaque parent à un questionnement en profondeur sur son histoire, ses valeurs, son identité. Moins on s'y prépare, plus on expose le couple aux risques d'implosion.

« Quand elle était enceinte, je me suis senti étranger à ce qui se passait en elle. Je sentais que, pour elle, quelque chose devenait plus important que notre amour. »

« Les hommes, nous ne sommes pas prêts de la même manière que les femmes, il m'a fallu du temps pour que je me rende compte que j'allais être père, c'est longtemps resté abstrait. En fait, c'est à l'accouchement que j'ai vraiment ressenti une émotion », expliquent certains hommes.

« Il n'est jamais venu aux échographies, on peut dire qu'il ne m'a pas accompagnée pendant ma grossesse. »

« Pour lui, les enfants ne sont devenus intéressants

que lorsqu'ils ont commencé à parler ; avant il les ignorait, c'était l'affaire des femmes. »

« Quand je me suis retrouvée enceinte, il m'a dit : "C'est ton problème, si tu veux faire une IVG, tu fais ce que tu veux." »

Étrangeté d'un côté, solitude de l'autre, la différence irréductible des corps fait surgir une émotion ineffable, impalpable et, dans ce silence, les premières incompréhensions vont fragiliser l'entente du couple.

Au cours de la grossesse, quelque chose se passe, que le père ne peut partager avec la mère. Désormais, chacun éprouve dans l'indicible de son être que tout ne peut se mettre en commun, tout ne peut se dire. Première blessure de la parentalité. Véritable brèche dans le mythe fondateur du couple, brèche imperceptible mais agissant en profondeur. Bien des hommes et des femmes recherchent en l'autre l'« âme sœur », l'« alter ego ». Ils ont besoin de cette période fusionnelle, notamment au début de leur vie commune. Déjà l'enfant les sépare.

Quoi que fasse l'homme au cours de la grossesse, au cours de l'accouchement, le bébé se développe dans l'utérus de sa mère, en dehors de son regard. Il y a là quelque chose de l'ordre du non-visible, presque du caché, qui auréole la grossesse d'un certain mystère. Pour le père, la vie s'élabore au sein d'une intrigue qui lui échappe en partie, qui se dérobe à lui. Ses premiers liens avec l'enfant sont médiatisés par le corps de la mère.

Interrogé profondément dans son corps d'homme, il éprouve sans doute douloureusement que sa puissance s'arrête là où la vie commence ; le père se sent condamné à être à l'extérieur de cette mise en œuvre de la vie.

Et lors des premiers jours suivant la naissance, quand la mère et l'enfant se remplissent de la plénitude éphémère de la fusion retrouvée, le père est sidéré par l'étrangeté de ces résonances dont il ne perçoit que l'écho, sans pouvoir partager le contenu.

Fasciné par ce corps à corps étrange, par cette danse qui étreint si fort la mère et l'enfant, il est impliqué mais reste un peu étranger, en retrait.

Et pourtant, parce que son vécu est différent, parce qu'il a éprouvé la distance avec l'enfant, le père sait cette distance nécessaire, cette séparation inéluctable. Il le sait d'un savoir indicible, et ce savoir, la mère a quelquefois bien du mal à le supporter, et le père, bien du mal à l'exprimer. C'est cette extériorité même qui rend la place du père indispensable, essentielle, mais c'est elle aussi qui la rend si difficile.

Le mouvement qui l'invite à être père est donc contraire, antagoniste, à celui de la mère : il aura à se rapprocher de son enfant, alors qu'elle devra s'éloigner de celui qu'elle porta si longtemps. Il faudra que le père trouve sa place auprès de l'enfant, qu'il l'invente, pendant que la mère devra apprendre, elle, à laisser une place.

Il doit désormais tisser des liens directs non médiatisés par la mère, et celle-ci doit accepter que le père s'immisce entre elle et l'enfant.

Le père a tout à découvrir de cet enfant, la mère a tout à oublier de ce qu'elle connaît trop bien.

Lorsque des parents adoptent, on pourrait croire que les mouvements antagonistes sont moins forts. En fait, ils se manifestent autrement, et ne se situent pas aux mêmes moments. Ils peuvent apparaître quand l'un des deux apprend qu'il est stérile. Que ce soit la femme ou l'homme, chacun est renvoyé à une blessure profonde qu'il est difficile de faire entendre à l'autre, à une atteinte de son image corporelle qu'il porte seul. « Quand le professeur m'a annoncé que je ne pouvais pas avoir de bébé, tout s'est effondré en moi. Devant lui, j'ai tenu le choc, mais je me suis écroulée en sortant. Jacques était étonné de me voir craquer, il n'a rien compris à la blessure que ça représentait pour moi. »

Quelquefois aussi, au moment où l'enfant est accueilli, sont mises au jour un certain nombre de différences que le couple n'avait pas prévues. « Quand Marion est arrivée, elle avait un an et demi. Pendant des semaines, elle s'est blottie dans les bras de sa mère, et elle ne voulait pas venir vers moi. Ce fut une période très difficile pour moi, parce que avec ma femme nous l'avions attendue avec la même intensité, et j'ai été très frustré de cette fusion qu'elles ont vécue sans moi. »

Que ce soit dans les couples de parents biologiques ou adoptifs, l'enfant agit souvent comme un révélateur, fait que l'on ne regarde plus l'autre avec la même indulgence.

« Avant la naissance de notre première fille, nous menions une vie d'étudiants, nous sortions tout le temps, nous ne restions jamais à la maison, je ne me rendais pas compte à quel point il était égoïste. Après, j'ai découvert son véritable visage. »

Ce que l'on pouvait supporter avant l'arrivée de l'enfant peut se révéler désormais intolérable.

« Avant Agathe, notre deuxième enfant, j'avais mon mari et mon fils aîné, j'avais tendance à les materner un peu tous les deux, cela ne me posait pas trop de problèmes, je jouais le jeu, sans doute avec trop de complaisance, pour mon mari. À la naissance d'Agathe, j'ai dit stop, mon mari n'a pas compris, il m'en a voulu terriblement, comme si je l'avais trahi. »

L'enfant augmente les exigences réciproques. « J'ai toujours su que mon mari était possessif et colérique. Avant la naissance d'Arthur, je passai outre. Depuis, je trouve cela inadmissible. Devant notre fils, je ne peux pas accepter les cris du père. »

Ainsi, le bébé s'impose dans une présence paradoxale ; censé symboliser l'union de ses parents, conçu dans la fusion de leurs corps, il va cependant introduire inévitablement une certaine distance entre eux.

Il est le fruit de leur amour, la manifestation de leur désir partagé, et déjà il va instituer une forme de séparation. Alors même qu'ils ne s'y attendent pas, leur enfant va être le moteur de leur différenciation. Par son arrivée, il va créer une césure, une scission dans la relation de ses parents.

À la naissance de chaque enfant, le couple doit refonder ses liens, redéfinir ses relations, et les relations avec l'extérieur, familles paternelle et maternelle, travail, amis…

Tout se passe comme si, pour durer, le couple devait dépasser sans cesse les séparations que constituent la naissance et les grandes étapes de l'évolution de l'enfant, comme s'il ne pouvait se reconstruire qu'à l'épreuve de séparations récurrentes et acceptées.

La relation à trois, quel équilibre instable !

Pendant la première partie de l'entretien, Pauline, cinq ans, joue tranquillement sur le tapis, sans se préoccuper de sa mère, qui évoque la situation familiale. Quand son père nous rejoint, elle le regarde à peine et se rapproche considérablement de sa mère, qu'elle ne quittera plus. Elle se blottit contre elle, monte sur ses genoux, la câline, attire son regard, capte sans cesse son attention et montre envers elle une sollicitude extrême : elle la coiffe, lui met un foulard sur la tête, lui souffle avec emphase « Tu es belle, maman ! », bientôt suivi par un « Pauvre papa » glissé dans un soupir, à l'oreille, mais suffisamment fort pour que tout le monde remarque bien la manière différente avec laquelle elle traite ses deux parents. Visiblement, elle en fait beaucoup (trop ?) pour sa mère, notamment en présence du père. Tout se passe comme si elle voulait renforcer l'aspect « gentil » de sa mère, provoquant de sa part des réactions tendres qui devaient bien montrer au père combien sa maman était formidable. Dans le même temps, elle ne laisse aucune possibilité au père d'entrer en contact avec elle, comme pour l'empêcher, lui interdire toute manifestation d'amour à son égard, de manière à prouver que décidément il n'est pas gentil. La mère de son côté se prête au jeu de sa fille et y répond, renforçant l'image de la bonne entente mère-fille qui en tant que telle ne pose pas de problème, si ce n'est qu'elle met hors jeu le père.

Dans la relation de l'enfant à ses père et mère, de manière subtile mais efficace, l'enfant peu à peu modèle chacun de ses parents. Nous ne sommes pas les mêmes parents devant chacun de nos enfants ; chaque enfant participe à sa manière à la création de son père comme père, et de sa mère comme mère.

Très tôt, le bébé participe à la relation et devient un acteur prépondérant. Il découvre rapidement comment dire à l'un ce qui se passe avec l'autre. Quand il joue avec son père, il est tout à fait sensible à ce que son père ressent du jeu, et il perçoit ce que la mère ressent de l'attitude du père.

Quand, par exemple, il communique avec le père, il a envie de dire à sa mère ce plaisir de communiquer. Proche de l'un, il demeure attentif à l'autre parent, même s'il se trouve plus périphérique.

Quand vous faites une activité à trois, il peut stimuler le dialogue entre ses deux parents ou, au contraire, s'arranger pour les séparer.

Ainsi, la relation à trois devient extrêmement complexe ; cela n'arrête pas de s'interpeller, de s'animer entre ces trois personnages.

La caractéristique de cette relation, c'est qu'il y a toujours une tierce personne qui vient rompre l'union sacrée qui pourrait s'instituer à deux. Cette troisième personne est un véritable empêcheur de tourner en rond pour les amateurs de relation fusionnelle. L'enfant vient déranger le couple qui s'embrasse, le père vient séparer l'enfant de sa mère… Classique. Deux d'entre eux peuvent se lier contre le troisième. Ainsi, la tranquillité à trois est difficile à maintenir durablement.

Or, paradoxalement, ce déséquilibre est nécessaire à la stabilité des liens parents-enfants, car il empêche l'enfermement sclérosant d'une relation où l'enfant serait toujours en tête à tête avec un seul de ses parents. C'est cette structure à trois qui permet de mettre du jeu dans les relations, et qui permet leur mobilité. Quand un enfant ne trouve pas auprès de sa mère les assurances qui lui sont nécessaires, il pourra aller voir son père. L'enfant a un besoin absolu de ces deux appuis pour grandir. Une filiation compense l'autre, la complète, la rattrape, et la synergie créée entre elles évite le repli identitaire.

Alors, comment faire quand il n'y a pas de troisième personnage ?

Quand une femme élève seule son enfant, un oncle, un grand-père, un ami proche peut tout à fait jouer ce rôle de tiers et apporter à l'enfant l'équilibre nécessaire.

Quelquefois, les liens avec l'un des deux parents ne sont plus possibles : parent décédé, violent, maltraitant, rejetant, fragile, voire hospitalisé. Dans les cas les plus graves, une institution peut être la tierce personne nécessaire à l'équilibre, à l'ouverture de la relation.

Je pense à deux fillettes, maltraitées par leur mère et qui furent pendant un temps placées en foyer. Elles purent bénéficier de la présence extrêmement rassurante de leur éducatrice. Aidées également par une psychologue, elles manifestent aujourd'hui une maturité réelle, et elles assument le mieux possible la violence sordide qu'elles ont subie. Elles parlent avec beaucoup de dignité des coups reçus, des punitions injustes, sans rancœur vis-à-vis de leur mère, mais aussi sans soumission ; avec une justesse qui leur permet de nommer les choses. Les tiers intervenus leur ont permis d'aborder leurs souffrances sans faux-fuyants, donc de pouvoir mobiliser en elles les forces dont elles disposaient pour se relever de cette épreuve.

En revanche, il ne suffit pas que l'enfant ait son père et sa mère pour que cela fonctionne. La relation à trois est tellement complexe que les couples mariés ou séparés peuvent avoir tendance à exclure, ou mettre un peu hors jeu, le troisième personnage.

Parents, inventez un nouveau modèle, le vôtre !

Jérémie est le fils aîné de Brunehilde (que tout le monde appelle Brune) et de Gabriel.

Porté par le désir de ses deux parents, il bénéficie de beaucoup d'attention de leur part. Il aura une place particulière dans l'histoire de ce couple. Brune dira : « Il a été accueilli comme le messie, surtout par son père. »

Brunehilde est norvégienne, et Gabriel est né au Maroc. Elle est plutôt laïque et lui juif, assez traditionnel. Elle est bien entendu aussi blonde que lui est brun. Dès le début, le couple se fonde autour de l'idée d'harmoniser leurs différences.

Séduits respectivement par l'idée non seulement de respecter la culture de l'autre mais de se l'approprier en partie, « au début, tout nous opposait, quand on s'est connus, on se parlait en espagnol, je ne parlais pas encore le français et Gabriel ne parlait pas ma langue ».

Et un contrat explicite, presque un contrat moral, est passé entre eux deux : « Je devais me convertir à la religion juive, et lui devait apprendre le norvégien. »

Cela ne s'est pas passé sans difficultés. « Nous avions prévu de passer toutes les fêtes traditionnelles dans sa famille et de partir régulièrement en vacances chez moi. Or, je me suis bien convertie, et cela avec beaucoup de conviction, cela ne m'a pas posé de problèmes, mais de son côté, non seulement il n'a jamais appris le norvégien mais il m'a longtemps empêchée de le parler avec Jérémie. »

Au fur et à mesure que les années s'écoulent, Brune se sent trahie, coupée de ses racines, et ne supporte pas le rapport de pouvoir qui s'institue sans qu'elle puisse s'y opposer. « Au début, on prenait les décisions à deux, après il me les imposait. »

Elle se sent de plus en plus fragilisée par ses renoncements et le manque de respect qu'elle ressent. « La souffrance fut telle que je ne pouvais plus m'occuper de mon fils. »

Bref, Brune manifeste à plusieurs reprises son malaise. Gabriel, attaché à elle, fait des efforts, des promesses. Leur deuxième enfant naît, amenant un peu d'apaisement. « Chacun a commencé à trouver sa place, j'ai commencé à trouver mes marques. » Mais pour autant le contentieux n'est pas encore effacé, les blessures ne sont pas encore pansées, peut-être parce qu'elles n'ont pas été pensées.

Quand je rencontre Jérémie, il vient d'avoir quatorze ans. Ses parents sont inquiets ; Jérémie leur paraît triste, « coincé », peu épanoui.

Rapidement, il explique qu'il n'a pas pu faire sa bar-mitsva[1], parce que ses parents ne parviennent pas à se mettre d'accord sur les modalités.

Brune veut qu'il la fasse, mais intégré à un groupe d'enfants de son âge. Pour elle, cette cérémonie prend son sens comme étant un rituel d'intégration dans une communauté. Gabriel accorde plus d'importance à l'enseignement et voudrait que son fils prenne des cours particuliers, plus rigoureux, plus approfondis.

Bref, depuis un an, le projet reste au point mort, et per-

1. Cérémonie religieuse israélite, qui marque l'entrée du garçon dans sa majorité religieuse.

sonne n'ose aborder ce sujet de peur de soulever ce qui pourrait être le couvercle d'une Cocotte-minute.
Bien qu'il n'exprime pas explicitement de colère et ne manifeste pas ouvertement de déception, cela néanmoins fragilise Jérémie.
« J'attends qu'ils se mettent d'accord, mais j'aimerais tellement la faire. »
Il a une réelle souffrance, mais il n'ose pas la reconnaître, comme si l'expression de sa douleur risquait de mettre ses parents en défaut et de les renvoyer à des questions qu'ils ne veulent pas se poser.
En fait, Jérémie a longtemps symbolisé pour ses parents le « mythe fondateur » de leur couple ; il fut plus particulièrement l'enfant qui concrétisait, ou qui était chargé de concrétiser, l'harmonisation de leurs différences, l'intégration possible de deux modèles fortement antagonistes. Sa mère expliquera d'ailleurs : « Il est le fruit de nos deux cultures, on a toujours voulu créer quelque chose de nouveau à partir de nos deux modèles d'origine. »
La bar-mitsva cristallise autour d'elle bien des contentieux accumulés de part et d'autre, car cette intégration n'a pu se faire jusqu'à présent que parce qu'il y a eu des renoncements de chacun, des assouplissements. Elle agit comme une crise qui appelle encore des réajustements, que les parents ne se sentent pas prêts à aborder.
Actuellement, encore prisonnier de cette position initiale dans la famille, Jérémie n'ose pas affirmer son propre désir. Il se définit en effet lui-même comme « français, norvégien, juif, marocain », ce qui est formidable pour un seul homme, mais pour l'instant l'accès à la filiation symbolique de son père est ralenti, et cela est vécu comme une perte d'identité, comme une perte du sentiment de soi. En effet, à l'abord de son adolescence, il ressent le besoin de se rapprocher un peu plus de la filiation de son père. Il a envie de s'approprier davantage ce qui fait sens pour son père, et la famille paternelle. À présent, il aurait envie de privilégier une de ses appartenances, mais cela signifie que le mythe fondateur du couple, que le modèle établi jus-

qu'alors, que sa propre fonction dans la famille soient revus et redéfinis. Il faut qu'il puisse être autorisé, sans se culpabiliser à outrance, à se rapprocher un peu plus de son père.
Si Brune et Gabriel ont plutôt bien réussi l'intégration des deux filiations, en inventant un modèle tout à fait spécifique, et dans lequel chacun s'est à peu près reconnu jusqu'à présent, cela ne leur évite pas d'avoir encore à repenser ce modèle, en fonction de l'évolution de leur fils.

Si ce n'est pas nécessairement avec la même intensité que chez Jérémie, pour autant la rencontre entre un père et une mère constitue toujours plus ou moins un choc culturel. Même entre deux parents originaires d'une même région, il faut sans cesse ajuster ses valeurs à celles de l'autre, et ce au fur et à mesure de l'évolution de chaque membre de la famille.

Le défi de chaque couple parental consiste à inventer un modèle dans lequel père, mère, enfant puissent se reconnaître, au fur et à mesure que les uns et les autres grandissent.

Des crises nécessaires, pour éviter les pannes

« Son père a été élevé "à la dure", il estime qu'un enfant doit travailler pour avoir de l'argent de poche, que les cadeaux se méritent. Moi je ne suis pas d'accord, si les parents travaillent, c'est pour gâter leurs enfants, et pour qu'ils aient une vie agréable. »

« De toute façon, dans la famille de sa mère, ils n'ont pas d'éducation, chez moi, on ne laisse pas un enfant se lever de table, il doit dire merci, bonjour, bonsoir. Je ne lésine pas sur la politesse. Dans la mesure où sa mère s'en fiche complètement, c'est moi qui ai le mauvais rôle, je punis, j'interdis, ce n'est pas drôle. »

C'est en fait à travers ces actes quotidiens que la filiation se tisse et que les sentiments d'appartenance se constituent. C'est ce qui fait qu'un enfant se sentira plus « Dupont » pour telle chose ou plus « Durand » pour telle autre, et qu'il assimilera ce qu'il pourra de l'héritage des deux familles.

En fait, l'histoire du couple parental se structure autour de sa capacité à respecter l'autre, c'est le gage de sa longévité. Véritable mise en pratique de l'altérité au quotidien, il va s'agir de parvenir à faire entendre sa propre singularité et de prendre en compte celle de l'autre. Cela se travaille, comme on travaille la terre avant de l'ensemencer, comme on pétrit la pâte avant d'en faire du pain. Et cette démarche même, ce processus de reconnaissance mutuelle en tant que tel sont déjà très importants pour l'enfant. Il y forge son expérience de la relation aux autres.

Quand un homme et une femme deviennent parents, chacun a des attentes, voire des convictions, élaborées en partie à travers sa propre histoire familiale, sa propre culture, son parcours personnel. Nous abordons tous notre rôle avec une représentation de ce que devrait être un père, de ce que devrait être une mère.

La mère vient avec une idée de ce qu'elle doit faire : par exemple, allaiter son bébé, arrêter de travailler, être rigoureuse sur les heures de coucher… Et de ce que doit faire le père : changer le bébé, jouer avec lui, l'aider à faire ses devoirs.

De son côté, le père a des attentes, qui, bien entendu, ne correspondent pas à celles de la mère : il ne voit pas pourquoi l'allaitement est préférable, une mère peut travailler, elle doit cuisiner pour ses enfants… Et il a une idée plus ou moins précise de ce qu'un père doit faire : changer le bébé peut-être ? Mais décidément il ne sait pas bien faire. Jouer avec lui, oui, mais à quoi ? Faire du sport, mais quand c'est une fille ?

Et chacun se trouve littéralement évalué, jugé, à travers le prisme de ces attentes fortement modélisantes. « Quand elle m'a dit qu'elle ne voulait pas l'allaiter, j'ai commencé à avoir des doutes. Elle n'a jamais su nourrir notre fils », critique cet homme.

« Dès la clinique, je me suis dit : ce n'est pas le père qu'il faut à mon fils. Il est venu nous voir seulement trois fois, sous prétexte qu'il ne pouvait pas se libérer de ses obligations professionnelles. C'était clair, nous passerions après son travail », déplore cette mère.

Les étiquettes respectives se mettent en place au moindre faux pas, et elles ont la vie longue !

Ces représentations préalables sont indispensables, elles contribuent à forger notre désir d'enfant, mais il est tout aussi indispensable de les réviser à l'épreuve de la réalité de l'autre. Car il n'est pas possible ni souhaitable d'entrer dans un modèle entièrement inventé en dehors de soi ! Cela pourrait entretenir de la rancœur et du ressentiment, nourrir le sentiment amer de ne pas exister.

« Il voulait me mettre dans un moule, il fallait que je fasse comme ceci, comme cela, comme sa mère avait fait, comme sa sœur faisait, et moi j'étais où, pendant ce temps-là ? Il n'a pas compris que j'étouffais », raconte cette femme qui vient de demander le divorce.

Ces « accordages » ne se font pas sans peurs, sans pleurs, sans risques permanents, sans conflits.

Cela demande que l'on s'expose à l'autre, c'est-à-dire à la fois que l'on parvienne à faire entendre ce qui nous est cher et que l'on puisse faire une place aux valeurs de l'autre. Il faut pouvoir, tour à tour, accepter de se laisser façonner par l'autre, et aussi oser imposer certaines choses à l'autre. Tour à tour parvenir à s'affirmer et savoir baisser notre degré d'exigence.

Dans la vie d'un couple, il est impossible de ne pas faire de concessions, mais il est inacceptable que ce soit toujours le même parent qui les fasse.

Et, quand on renonce, il importe de faire entendre à l'autre sa souffrance d'avoir eu à renoncer. La dire, c'est un moyen de ne pas la « faire payer ».

Dans cette mobilité ainsi instituée, nous faisons une place à l'autre au fur et à mesure que nous prenons nous-mêmes notre juste place.

Les confrontations sont inéluctables, même si elles ont mauvaise presse et mettent à mal le mythe de la famille unie. Voici encore un mythe qui mérite d'être revisité. Une famille unie, ce n'est pas une famille qui évite les affrontements, mais une famille qui peut dépasser les conflits et sans cesse refonder les liens. J'entends très souvent en effet : « Je finis par baisser les bras, parce que je ne supporte pas le conflit. Chez moi, on était une famille unie, soudée, on s'entendait bien, je ne peux pas supporter l'opposition. »

C'est dans l'absence de conflit que le danger peut advenir. Moins les confrontations sont manifestes et plus les individus qui composent la famille peuvent être fragilisés. En effet, dans l'évitement des conflits, on s'évite soi-même, on prend l'habitude de s'effacer, de ne plus percevoir ses propres désirs, et on s'absente de la relation et de sa propre existence. Les crises, en fait, permettent d'éviter les pannes.

Les confrontations ne sont pas une fin en soi, mais elles sont à certains moments le seul moyen qu'il nous reste pour nous affirmer. Plus on a l'habitude de fonctionner comme cela, moins les oppositions sont coûteuses, et plus les moments entre les crises sont agréables, sereins et forgent en nous un profond sentiment d'exister, d'être reconnu, et cela est rassurant.

Et puis nous n'avons jamais les mêmes besoins selon notre âge, l'âge de nos enfants, nos parcours professionnels… Plus le couple a pris l'habitude de se « réaccorder » régulièrement, quitte à s'affronter, plus il s'adaptera aux évolutions de chacun. La mobilité engendre la mobilité, et développe chez chacun une aptitude au changement.

Exercice n° 9
Vers une reconnaissance mutuelle

1. Prenez deux feuilles : la première sera réservée au rôle de la mère ; la seconde au rôle du père.
   Séparez chaque feuille en quatre colonnes ; dans la colonne A, notez cinq caractéristiques qu'une mère devrait avoir, selon vous.
   Dans la colonne B, notez cinq caractéristiques que la mère devrait avoir selon le père ; interrogez le père ou votre compagnon.
2. Remplissez de la même manière la feuille concernant le père.
3. À côté de chaque ligne, mettez une note de 0 à 10 indiquant selon quel degré vous répondez ou non à cette caractéristique ; et demandez au père d'attribuer aussi une note de 0 à 10.
4. Quels constats faites-vous, qu'est-ce qui vous étonne, qu'est-ce qui vous fait plaisir, qu'est-ce qui vous blesse ? Échangez à ce propos avec le père.
5. Choisissez un point, un seul, que vous aimeriez améliorer, sans le dire au père. Puis demandez au père qu'il choisisse un point, parmi les caractéristiques vous concernant, un seul pour lequel il aimerait que la note soit relevée ; si vous n'avez pas choisi la même

chose, décidez avec le père, ensemble, lequel vous choisissez de changer.
Comment allez-vous vous y prendre ?

6. Demandez au père de faire la même chose.
7. Reprenez l'exercice d'ici quinze jours, et notez à nouveau l'ensemble des points. Que constatez-vous ?
8. Discutez avec le père de vos enfants pour savoir ce que mutuellement vous pouvez transformer pour améliorer les scores de chacun.
9. Reprenez la première feuille, pour remplir la colonne C.

Le rôle de la mère	Cinq caractéristiques que la mère DEVRAIT AVOIR		10 qualités que vous avez RÉELLEMENT comme mère	
	Col. A Selon la mère : note	Col. B Selon le père : note	Col. C Selon la mère : note	Col. D Selon le père : note

(Faites le même tableau pour le rôle du père.)

Vous y noterez les qualités que vous avez réellement en tant que mère ; efforcez-vous d'en trouver dix, au moins.
Dans la colonne D, demandez au père d'énoncer au moins dix qualités qu'il vous attribue en tant que mère et notez-les.
Procédez de la même manière pour le père.

10. Comment valoriser davantage vos qualités ?

11. À la fin de cet exercice, quelle image avez-vous de vous en tant que parent, avez-vous une idée pour l'améliorer encore ? Si vous vous êtes heurté à des problèmes particuliers, vous pouvez en parler sur le site grandiravecsesenfants.com.

Comment préserver la double filiation quand les parents sont séparés ?

Entre les pères rejetés…

« Je ne supporte plus le regard de ma fille. » Sylvain, quarante-deux ans, est effondré.
Audrey n'a que dix ans et rejette son père avec une virulence rare. Elle fait littéralement son procès. Son regard est fulgurant, et ses paroles violentes quand elle s'adresse à lui : « Tu as fichu ma vie en l'air, tu nous as fait mourir de faim. Tu gagnes 30 000 francs par mois, et tu ne nous donnes qu'une petite pension de 10 000 francs. » Les reproches pleuvent, laissant Sylvain muet.
Mireille, son ex-femme, se défend d'être à l'origine de ce refus : « Je ne cesse de dire à ma fille : il faut que tu voies ton père, un père, c'est important. Moi-même, j'ai été élevée par mon grand-père parce que mes parents n'avaient pas envie de s'embarrasser d'une enfant. J'ai adoré mon grand-père, et il y a toujours eu une grande rivalité, presque une jalousie entre lui et mon père. »
Mais, malgré cette invitation faite à sa fille, Audrey reste violente. Qu'est-ce qui l'autorise à être ainsi ?

Sylvain explique : « Depuis son plus jeune âge, Audrey n'avait pas le droit de venir m'embrasser, de venir sur mes genoux, de venir me faire un câlin dans le lit, comme si j'étais un homme dangereux. »
D'un premier mariage, il a déjà une fille de seize ans, qu'il ne voit pas.
Alors même que, sur le plan professionnel, c'est un homme qui s'affirme et réussit plutôt bien, il ne parvient pas à s'imposer dans ce rôle de père, il se laisse enfermer dans une position de victime, il explique : « C'est à se demander si Mireille ne cherchait pas un géniteur, et un financier, à la place d'un vrai père. »
En même temps, il admet sa défaillance : « Ça a été dix ans de faiblesse et dix ans d'espoirs. J'étais enfant unique, chez moi, il n'y avait jamais un cri. Quand Mireille hurlait, je ne l'affrontais pas, je n'étais pas préparé à cela. Je me rends compte à quel point ça a été dévastateur. »

Le rejet du père est ainsi annoncé depuis de nombreuses années, le divorce ne fait que le concrétiser davantage.

Entre un père qui ne parvient pas à s'imposer et une mère encore meurtrie de ce qu'elle vécut enfant, Audrey ne peut reconnaître Sylvain comme père.

En effet, cette petite fille, depuis son plus jeune âge, se trouve très proche de sa mère, le père travaille beaucoup, et elle ne peut que s'identifier à cette femme élégante, intelligente, pétillante qui affirme haut et fort ses valeurs éducatives : « Je ne supporte pas un enfant « mou », j'ai toujours forgé le caractère de ma fille, j'aime qu'on s'oppose à moi, qu'on soit combatif. » Tout le contraire du père : « Je les ai couvertes de cadeaux, j'ai élevé Audrey comme une princesse, pour garder ma fille, je serais passé par le trou d'une aiguille. » Et plus il se montrait faible, moins sa fille pouvait se rapprocher de lui. Dans un effet miroir, la mère et la fille confortent mutuellement leur personnalité, et Audrey, adhérant totalement à ce qui est valorisé par sa mère, ne peut aimer un père trop « mou », trop victime, elle ne peut le faire exister comme père.

Comment Audrey va-t-elle réaliser sa propre identité de femme, de future mère ? Quels seront ses rapports ultérieurs avec les hommes ? Car c'est de cela qu'il s'agit : la façon dont un enfant se reconnaît dans ses filiations va lui permettre à son tour de développer avec plus ou moins d'harmonie sa propre vie affective, sa propre relation à l'autre sexe, son propre désir d'enfant.

Ceux qui s'absentent…

Caroline évoque avec une émotion encore présente la passion qu'elle partagea avec Thierry. « Il me faisait rire, j'aimais sa façon de vivre. Sa gaieté me changeait de ce que j'avais vécu avant. »

Thierry se plaisait à soutenir Caroline : « C'était fou, cette envie de me dire que je pouvais l'aider. »

Le couple se fonde donc au départ sur des solidarités réciproques. Caroline stabilise Thierry, et lui apporte un peu de fantaisie à l'intérieur du couple. Leurs différences se conjuguent et se complètent sans trop de mal.

Tout se dégrade quelque temps après la naissance de Gaëlle. La place du père se révèle difficile à tenir, car très chargée symboliquement.

Le père de Caroline s'est suicidé, et elle en garde une blessure profonde. « Il a abandonné ses enfants. » En même temps, elle se sent chargée inconsciemment d'entretenir sa mémoire et de défendre son image : « J'ai beaucoup d'admiration pour les gens qui se suicident, pour moi ce sont des gens libres. »

Sa mère s'est remariée, sa sœur a très bien vécu ce remariage. Elle a refusé avec virulence la place de son beau-père, et elle rompit très tôt avec sa mère.

De son côté, Thierry est le dernier fils d'une famille nombreuse – « Chez moi, ça se réglait à coups de ceinture » – et il veut tout sauf être père comme son père.
En écho avec leur enfance, la place de père est très investie symboliquement chez Caroline et sous-représentée chez Thierry. Il sait ce qu'il ne veut pas être comme père, mais il ne sait pas comment l'être.
Cependant, adorant sa fille, il ne parvient pourtant pas à s'approcher d'elle.
Craint-il l'émergence éventuelle d'une violence qui le déborderait comme son père ?
Est-il tétanisé par l'exigence de Caroline, qui pourtant essaye de l'intégrer ?
« Ce qu'elle me demandait, c'était insurmontable pour moi. Elle me demandait des choses que je ne pouvais pas faire. Je les aimais toutes les deux comme un fou et je me disais que j'y arriverais. » Sans doute Caroline se référait-elle à un modèle de père trop idéalisé qui ne pouvait pas du tout correspondre à Thierry. Peut-être était-il aussi effrayé par les responsabilités qui lui incombaient et qui l'obligeaient à changer de personnage.
Quoi qu'il en soit, petit à petit, il s'absente d'une place rendue inaccessible, ce qui désespère Caroline. Moins Thierry occupe son rôle, plus Caroline se trouve acculée à prendre toute la place.
« Je lui avais dit que je ne voulais pas me retrouver seule pour élever cet enfant, mais au bout de quinze jours il est parti en tournée ; j'étais prise en otage, il a rompu notre contrat moral ; il n'a pas su privilégier la relation à sa fille. »
Ce sentiment d'abandon, réactivant celui éprouvé lors du suicide du père, contribua à séparer le couple, aucun des deux ne pouvant apporter à l'autre l'assurance qui désormais lui était nécessaire.
Finalement, on pourrait dire qu'ils réussirent mieux leur divorce que leur vie commune. En effet, Thierry, comme certains hommes que je rencontre au cours des expertises, a fini par trouver sa place de père après la séparation. Est-

ce la distance laissée par la mère, est-ce la maturité succédant à l'épreuve du divorce ?... Quoi qu'il en soit, Thierry est devenu un père attentif à sa fille, il est désormais important pour elle, et l'application du droit de visite est régulière. Peu à peu, des liens ont rapproché ce père et sa fille, et il réclame maintenant de passer encore plus de temps avec elle.

Gaëlle, sept ans, est une petite fille pétillante, à l'aise dans les rapports avec les adultes, qui déclare avec une aisance étonnante : « Papa et maman, je les ai toujours vus en colère. »

En fait, elle parvient tout à fait à ne pas se laisser impliquer par le contentieux de ses parents.

Elle passe facilement de sa filiation paternelle à la filiation maternelle ; elle a plutôt bien intégré la différence de modèles et d'attitudes éducatives de ses deux parents. Et elle y trouve son équilibre. Elle sait que son père est plus souple, sa mère plus rigoureuse ; elle perçoit ce qui est possible avec l'un et pas avec l'autre. Ne pouvait-il être père qu'en dehors de la présence de la mère ?

Quel est le jeu subtil existant entre le père et la mère qui autorise ou non un père à s'affirmer comme tel ?

... et ceux qui sont exclus

Cécilia a neuf ans. Ses parents n'ont jamais vécu ensemble. Sa mère avait déjà deux autres enfants et vivait chez ses parents. Son père, voulant garder son indépendance par rapport à la famille de son amie, avait fait une demande de logement. C'est à ce moment-là que la grossesse s'annonce. Christophe est ravi, mais il ne veut pas passer devant le maire. Claude, la mère, ressent cela comme un lâchage. « Je ne voulais pas d'un mariage à l'essai. » D'autant plus que les pères de ses deux premiers enfants avaient « disparu dans la nature ». « On pourrait dire que c'est moi qui engendre tous ces problèmes, mais je crois que j'ai joué de malchance. »

À partir de ce moment-là, tout est fait pour exclure Christophe.
Celui-ci ne parvient à obtenir aucune nouvelle de Claude ni de sa famille. « C'est par hasard que j'ai appris la naissance de ma fille, le jour où je suis allé à la mairie pour savoir quelles formalités je devais faire pour la reconnaître. »
Le père de Claude lui fera la réponse suivante : « C'est pour que la mère soit tranquille. » Par la suite, ce sera procédure sur procédure pour pouvoir voir sa fille.
Les parents de Claude chercheront à s'opposer à ce que Cécilia porte le nom de son père ; il apprendra qu'elle fut baptisée plusieurs semaines après. Le curé interrogé dira : « On m'a dit que le père avait disparu. »
Petit à petit, grâce à sa persévérance, il finit par obtenir du magistrat des droits de visite qui se dérouleront là où vit le bébé, c'est-à-dire chez les parents de Claude. Ce fut alors humiliation sur humiliation. « L'entrée principale de la maison m'était interdite, je devais passer par une petite porte-fenêtre. Pour voir ma fille, j'ai tout accepté. »
Cécilia grandissant, les droits de visite sont devenus « classiques » et se déroulent à peu près régulièrement… jusqu'au jour où Christophe se marie. Les choses se dégradent encore plus lorsqu'un enfant naît de ce mariage.
Stéphanie, sa femme, a accueilli Cécilia avec beaucoup de tendresse, en étant très attentive. Rien n'y fait. Cécilia, lors des dernières vacances passées chez son père, refuse de manger, s'enferme dans un quasi-mutisme en justifiant sa position de repli par la malveillance de sa belle-mère : « Elle me met du sel dans mon yaourt, elle me fait de la mauvaise nourriture. »
Le couple, désemparé et animé de la volonté de bien faire, va consulter un psychiatre, essaye de se remettre en cause. Tout se passe comme si Cécilia s'était donné pour mission de faire rater le couple de son père au regard de l'impossibilité de sa mère d'en constituer un. Cécilia expliquera d'ailleurs : « Je suis plus habituée à voir quelqu'un qui vit seul que quelqu'un de marié. » Peut-être aussi a-t-elle besoin de démontrer que Stéphanie est « mauvaise » pour

que sa mère soit perçue comme bonne. En tout cas, le monde est divisé en deux : chez son père, tout se fait contre elle ; chez sa mère, tout va pour le mieux.
Cela cache une rivalité que son père perçoit mais face à laquelle il ne peut rien. « Il y a une haine entre Claude et ma femme. »
Quand, au retour de vacances, elle rentre amaigrie chez elle, la mère porte plainte pour mauvais traitements.
Les visites sont restreintes, mais elles sont maintenues. Rien ne s'arrange… Et un jour, Cécilia se plaint : « Quand je prends ma douche, papa me regarde, il a voulu s'approcher de moi avec un drôle de regard, j'ai peur de lui maintenant… »
Reprenant à son compte le discours très négatif de sa mère sur les hommes, considérés comme dangereux, elle ne peut parvenir à voir son père autrement que comme menaçant. Tout se passe comme si elle se sentait obligée de mettre en acte, de se faire l'exécutrice d'une sanction à lui infliger. En tout cas, inconsciemment, en faisant alliance avec sa mère, elles mettent toutes les deux le père en échec et le rendent impuissant, confirmant ainsi ce que pense la mère. Finalement, c'est bien elle qui a raison : décidément, tous les hommes sont les mêmes, ils disparaissent tous dans la nature et la laissent seule avec ses gosses. Heureusement qu'elle peut compter sur sa famille.
Ce père, bien qu'il y ait eu un non-lieu, se sent « cassé, coincé », a l'impression qu'une épée de Damoclès est suspendue au-dessus de lui. « Imaginez, si un jour elle tombe, ou se blesse dans le jardin, qu'est-ce qu'il m'arrive ? Et puis, ça va finir par faire trop d'histoires avec ma femme… »
Quand je rencontre Cécilia, c'est une petite fille qui a beaucoup d'aplomb, elle a la repartie facile ; elle comprend parfaitement les différents enjeux. Elle reste convaincue de la malveillance de sa belle-mère à son égard. Et j'imagine l'énergie considérable qu'elle dut mobiliser pour se fermer comme elle le fit pendant les dernières vacances passées avec son père. « C'était un mur pendant ces fameuses vacances », dira-t-il.

Quel est le contrat inconscient qui la conduit à mettre les hommes à l'écart et à reprendre à son compte le combat de sa mère ? Comment la libérer de cela de façon à lui permettre de vivre plus tard une maternité harmonieuse ?

La place du père : au confluent de trois désirs

La place du père, en réalité, se situe au cœur de trois désirs : celui de la mère, celui du père et celui de l'enfant. La femme doit laisser une place, l'homme doit prendre sa place, voire l'imposer, l'enfant doit reconnaître l'homme, qui tient cette place, comme son père. Elle est à la rencontre de ces trois volontés, si l'une est défaillante, l'accès de l'homme à sa paternité peut être rendu difficile. La place du père s'élabore dans un équilibre subtil, sans cesse à recréer, car résultant d'une synergie complexe.

Paroles de mères blessées

« Je ne serai tranquille que lorsque je l'aurai rayé totalement de notre vie. »
« Il m'a mené une vie impossible, je ne retrouverai la paix que lorsque je n'aurai plus de contact avec lui. Quand il sonne le samedi matin pour venir chercher Stéphane, rien que de le voir, cela me met hors de moi. »
« Pour lui, tous les efforts que j'ai faits pour élever nos enfants, c'était normal, il n'a jamais reconnu les renoncements que cela me demandait, et en plus il se permettait de critiquer : ton fils ceci, tu as vu ta fille, cela… Si ses enfants ne le voient pas, ce n'est pas un problème. »

Du côté des mères, les blessures toujours vives de l'enfance, les frustrations de la vie affective, l'amertume de l'échec du couple, le sentiment de trahison, qui peut faire écho au sentiment d'abandon de leurs enfants, sont susceptibles de ruiner et de miner le désir de laisser une place au père.

Maladresses des pères

« Quand ma femme est partie en emmenant les enfants, j'étais tellement mal que je suis resté plusieurs semaines sans donner signe de vie. Les enfants m'en veulent terriblement, ils ont eu l'impression que j'étais bien content qu'ils partent, ils ont eu l'impression que je ne tenais pas à eux, ils me reprochent encore ce long silence. »
« Anne-Laure m'en veut beaucoup. Je n'ai pas eu le courage de lui parler avant de partir. C'est sa mère qui lui a annoncé le divorce. Elle ne pardonne pas ma lâcheté. »
« Quand mon amie est venue vivre chez moi, j'ai fait une erreur monstrueuse : j'ai donné aux enfants de mon amie la chambre que mes deux fils occupaient avant. Quand ils ont vu ça, ils ont été mal ; heureusement, ils ont pu me le dire. »

Alors que les enfants ont avant tout besoin d'entendre des messages de leur affection, d'être assurés de leur amour, ces pères ont bien du mal à les exprimer. Ils ont tendance à situer leurs demandes sur le registre du droit, de la légalité. « Moi aussi, j'ai le droit de voir mes enfants… » Et ils ne disent pas assez simplement les sentiments que par ailleurs ils ont réellement.

Désarroi des enfants

« Il a laissé passer mon anniversaire sans même m'appeler ; vraiment, je ne compte pas beaucoup pour lui. »
« Plusieurs samedis de suite, j'ai attendu mon père, j'étais prêt, et il n'est pas venu. C'était terrible, j'ai perdu confiance. »
Jessica, quinze ans, a le sentiment que son père ne reconnaît pas les blessures qu'il lui a infligées : « Quand il me faisait faire les devoirs, il m'enfermait dans ma chambre

tant que je n'avais pas fini. » Son frère renchérit : « Quand je jouais mal au tennis, ça lui est arrivé de me taper tellement fort que j'en avais des bleus. »

Télescopage des désirs et des souffrances, les unes ne laissent pas la place aux autres. Mère, père, enfant, chacun enfermé, replié frileusement sur ses plaies, ne peut voir celles de l'autre.

Comment dénouer la situation ?

Il appartient aux parents de faire l'effort de sortir de leur position de victime, dans laquelle ils risquent aussi d'enfermer leurs enfants. Rien n'est jamais totalement la faute de l'autre. Nous ne sommes jamais ni exclusivement persécutés, ni exclusivement persécuteurs. Il appartient à chaque parent de s'interroger sur la part de responsabilité qu'il a dans la place que prend l'autre. Interrogeons-nous avec lucidité et courage sur la manière dont nous entretenons, à notre insu, des situations douloureuses pour tout le monde. Plus on ouvrira la relation, moins on la crispera, plus on libérera nos enfants.

Cela n'est pas facile, certes, mais nous devons cet effort-là à nos enfants.

Comment s'y prendre ?

Maxime et Julie, ou comment apprendre à retisser des liens

Maxime a douze ans, Julie en a dix.

La perception qu'ils ont de leur père est tout à fait calquée sur celle de la mère. Dans la mesure où, depuis leur plus jeune enfance, ils ont eu peu de rapports directs avec leur père : « On ne le connaît pas bien, il ne nous a jamais aidés à faire nos devoirs. Le week-end, il travaillait ou se reposait, ou regardait la télé, on n'a jamais rien fait ensemble. »

Lors du premier week-end passé chez lui après le divorce,

Maxime et Julie y vont à contrecœur, ils ont peur de s'ennuyer, et bien sûr ils s'ennuient ! Ils demandent à retourner chez leur mère plus tôt. Alors qu'il pensait bien faire, Fabien, le père, se trouve mis au banc des accusés : « Mon ex-femme a dit aux enfants : "Vous voyez, il ne veut pas de vous, il veut se débarrasser de vous plus tôt." »

Lors du deuxième week-end passé chez lui, les enfants tombent sur des tubes de rouge à lèvres, des vêtements féminins. Cela leur est insupportable et, depuis, ils ne veulent plus dormir chez le père. Un troisième samedi est tenté, seulement pour la journée.

Les enfants sont tellement insupportables, font de telles réflexions, sont si provocateurs qu'une gifle part.

Ce frère et cette sœur, qui, en règle générale, ne se gênent pas pour se disputer, constituent face à leur père un front uni. Si l'un se sent prêt à baisser les armes, il est rappelé à l'ordre par l'autre. Les loyautés qu'ils ont envers la mère les soudent. Ce qui fera dire à celle-ci : « Nous n'avons jamais été aussi unis que depuis que Fabien est parti. »

Tout contact est désormais rompu. Au téléphone, les enfants ne répondent pas à leur père. Par dépit, Fabien n'enverra pas de cadeaux aux anniversaires, ne se manifestera pas à Noël, ce qui ne fait que conforter et confirmer les positions de chacun.

Le magistrat saisi préconise une médiation familiale, pour débloquer la situation. Elle durera plusieurs mois.

Au cours de celle-ci, il faudra littéralement reconstruire les liens, pas à pas ; retisser fil après fil la relation de ce père avec ses enfants. Fabien apprendra à percevoir les désirs de Maxime et de Julie. Il redécouvrira les moyens de leur faire plaisir, en leur proposant des activités appropriées à leur âge. Il désamorcera l'escalade du conflit juridique mise en place quand il était aux abois. « J'avais porté plainte contre leur mère pour non-présentation d'enfant. » Ce qui avait encore plus conforté Maxime dans sa position : « Je ne peux pas aller chez un homme qui attaque ma mère, il veut l'envoyer en prison ou quoi ? Ce n'est pas elle qui nous empêche d'aller le voir, c'est nous qui ne voulons pas y aller. »

Il faudra que cette mère se rende compte à quel point son comportement, ses paroles pouvaient renforcer, à son insu, tous les « mauvais aspects » de son ex-mari auprès des enfants.

Il faudra que les enfants apprennent à voir leur père autrement qu'avec les yeux de leur mère, et l'acceptent tel qu'il est.

Ainsi, de semaine en semaine, Maxime et Julie apprécièrent les efforts faits par le père : le week-end en Angleterre ; l'achat de supervêtements ; les journées passées dans des parcs d'attraction, les repas au restaurant, les cinémas, les discussions, les balades en vélo.

Fabien apprit à repérer que derrière les « Bof, c'était nul », il y avait tout de même du plaisir à être ensemble.

La mère apprécia de plus en plus le temps ainsi libéré et oublia quelque peu d'avoir à mener un combat d'arrière-garde contre le mari parti.

Tant que l'on demande à l'autre des comptes de la souffrance qu'il nous a fait subir, on ne se donne pas les moyens de sortir de sa position de victime. Tant que nous attendons de l'autre des réparations qui ne peuvent plus venir, après un divorce, on enkyste le conflit, on enferme les enfants dans des impasses.

Faire la guerre, est-ce une façon de ne pas se séparer ?

Quand je rencontre la mère, puis le père de Manon, ce qui frappe, c'est l'absence de distanciation émotionnelle avec laquelle chacun des deux évoque leur vie de couple. Et pourtant la rupture date d'il y a plus de cinq ans.

Tout se passe comme si le divorce n'avait permis ni à l'un ni à l'autre de transformer les jeux relationnels.

Les conflits, sans cesse alimentés, mobilisent une énergie de chaque instant pour cette femme et cet homme, qui

n'ont peut-être jamais autant échangé que depuis qu'ils sont divorcés.
La « guerre » ainsi entretenue est peut-être une façon de ne pas rompre vraiment.
Chacun se réfugie dans le passé à l'endroit des blessures éprouvées. Les regrets se cristallisent en rancœur. Le seul référent reste le passé.
Aucun n'a refait sa vie.
Ils se sont séparés parce que la vie était trop routinière. Liliane ne supportait plus le côté radin de Luc : « Il n'a jamais voulu acheter quoi que ce soit pour sa fille ; moi ça m'a humiliée, il n'y avait pas de raison que je paie tout. »
Tout était compté, mesuré.
À cela, Manon est déjà habituée quand ils se séparent. Elle connaît cela par cœur depuis sa naissance. Et la séparation n'a rien changé entre ses parents.
C'est une enfant de huit ans, très inhibée, qui en paraît six, elle fait fluette et physiquement fragile. « Je ne comprends rien à ces deux-là, ils sont comme chien et chat, ils se disputent toujours, le chien mord le chat, mais le chat résiste. Des fois, ça me fait rire, des fois je vais dans ma chambre, pour oublier. »
À présent, ils se chamaillent sur les jours de visite. « Je ne vois ma fille que tant de jours par mois, ça fait tant d'heures, ce n'est vraiment pas beaucoup. » « Il veut me faire payer l'essence quand il la ramène. »
Tout fait problème, alors Manon n'ose pas demander à son père par exemple de changer un week-end pour aller à l'anniversaire d'une copine. Elle préfère se taire et se priver plutôt que de risquer encore une dispute.

Entre une mère qui estime toujours en donner trop, en faire trop, et un père qui considère n'en avoir jamais assez, comment Manon peut-elle être rassurée ? Entre une mère qui ne cède rien et un père qui compte tout, comment peut-elle ne pas être tiraillée, écartelée ?

Ce n'est pas le divorce qui inhibe Manon, ce serait

davantage le fait qu'il n'a pas permis à ses parents de changer leur mode de fonctionnement.

Avec la sensibilité d'une enfant, elle perçoit bien que ses parents ne vivent plus ensemble, mais continuent cependant à avoir le même jeu relationnel. Cela génère de la confusion : d'une certaine façon, ce n'est pas comme avant, et, d'une autre, cela reste comme avant.

Dans cette confusion, elle ne peut pas accéder aux processus de deuil nécessaires.

Son temps demeure en suspens, entre deux, ne lui permettant pas de prendre véritablement place dans la vie.

La multiplication des divorces a suscité une confusion : on pense que ce sont les séparations qui sont à l'origine des difficultés des enfants. Mais j'observe quotidiennement que ce ne sont pas les divorces en tant que tels qui risquent d'entraver l'enfant, mais bien plutôt la difficulté des adultes à se séparer réellement. La « séparation des corps » n'est pas la séparation psychique, où chacun prendra en charge sa propre histoire.

Le divorce est une scène émergente des difficultés parentales, mais il ne les crée pas. Il les exacerbe, mais il ne les invente pas ; elles existaient avant et elles pesaient déjà sur l'enfant.

Car il ne suffit pas de ne plus vivre sous le même toit, d'être divorcé, pour parvenir à impulser un véritable changement dans la relation. Ne plus se comporter avec son « ex » comme on se comportait pendant la vie commune, c'est cela qui est véritablement libérateur.

Les conflits récurrents, dans ou après les divorces, sont quelquefois un moyen inconscient pour ne pas se séparer. Ils permettent au couple qui ne vit plus ensemble de poursuivre ses anciens jeux relationnels, ce qui est une manière de ne pas rompre symboliquement.

Les « vraies séparations » sont celles qui libèrent réellement de toute dépendance à l'égard de l'autre.

Devenez indifférents, ouvrez de nouvelles portes !

Philippe et Céline sont encore au lycée quand ils se connaissent. Ils se sont beaucoup rapprochés au moment où Céline a perdu son frère de manière dramatique. Avec le recul, Philippe dira : « Pour Céline, j'ai remplacé son frère sans m'en rendre compte, et pour ses parents, j'ai remplacé leur fils. » Lui-même étant plus ou moins en rupture familiale, il y trouva aussi du réconfort. Le couple mettra plusieurs années avant d'avoir envie d'un enfant. Philippe ne se sent pas prêt, et Céline se complaît dans des relations plus fraternelles que conjugales.
Gautier naît cependant.
Philippe, de plus en plus mal à l'aise dans ce couple qui ne l'épanouit pas, rencontre une autre femme et part.
Céline n'avait rien vu de la détresse de Philippe, elle-même se sentait bien dans ce couple qui finalement ne partageait rien ensemble. Mais, dit-elle : « Je pensais que nos liens étaient indestructibles. » Elle ressent cela d'autant plus comme une trahison que Philippe avait parlé d'un deuxième enfant juste quelques semaines avant de partir.
Elle garde de sa vie de couple l'image d'un moment merveilleux, lui a le sentiment d'avoir été en sommeil pendant toutes les années passées avec sa femme.
Il se remarie, a de nouveau des enfants.
Mais il se sent très coupable, vis-à-vis de son ex-femme et de son ex-belle-famille, par rapport aux loyautés précédentes.
Céline, accablée, effondrée, fera un épisode dépressif, puis petit à petit reprendra le dessus, se rattachant à son travail, entourée par de nombreux amis et engagée dans une vie sociale et associative importante. Mais elle demeure blessée dans son corps de femme, elle ne refera pas sa vie.

« Philippe, c'est Philippe, il a été l'homme de ma vie, je ne crois pas que je pourrai en aimer un autre. »
Au bout d'un moment, Gautier ne veut plus aller chez son père. Il a du mal à trouver sa place auprès de ses demi-frères et sœurs ; mais surtout, il ne supporte pas d'entendre des critiques sur sa mère. Les remarques de son père sur l'éducation que lui donne sa mère le blessent et l'atteignent au plus profond de lui : « C'est une mère poule. Elle te cède tout, tu la mènes par le bout du nez… Ce n'est pas bon pour toi ; elle te fichera la paix quand elle trouvera un nouveau mari. »

Les critiques que l'on adresse à l'autre parent sont ressenties par l'enfant comme des blessures narcissiques, comme si elles l'atteignaient lui dans son intégrité. Elles deviennent vite intolérables. L'enfant a besoin de considérer ses parents comme des supports d'identification ; plus vous vous disqualifiez mutuellement, plus vous fragilisez les supports identitaires de votre enfant.

En réalité, tant que l'on a besoin de dénigrer l'autre ou de répondre à ses critiques, tant que l'on a besoin de chercher à se justifier, c'est que nous ne sommes pas véritablement détachés, suffisamment indifférents.

Devenez indifférents, totalement placides par rapport à l'autre. Il vous insulte, ne répondez pas, il sait où vous blesser, n'écoutez pas. Mais en même temps, ne tirez plus à boulets rouges sur lui et sa nouvelle famille. Vous êtes la plus odieuse des femmes ? Soit ! Laissez-le être le plus cynique. Apprenez à ne plus vous laisser atteindre, oubliez de chercher à le blesser. Là aussi, c'est un apprentissage qu'il faut s'imposer.

Désormais, ni l'un ni l'autre ne peut prétendre à une quelconque influence sur l'ex-compagnon. Les deux vies sont hermétiques l'une à l'autre. Inutile de s'escrimer, on ne peut plus contrôler l'autre, lui demander d'élever de telle ou telle manière notre enfant, de le coucher à telle heure, de lui faire tel repas. Il faudra bien se faire à l'idée que, désormais, il ne peut que l'élever à sa manière. Un enfant peut revenir d'un week-end chez le père avec un jean déchiré, en ayant mangé seulement de la purée-jambon, cela n'a en soi que peu d'importance. Il se rattrapera avec les repas équilibrés de sa mère ! Ce qui est important pour l'enfant, c'est d'avoir partagé des moments privilégiés avec son père, des activités complices qu'il n'a pas l'occasion de pratiquer avec sa mère. Et de toute manière, sauf s'il s'agit de problèmes de santé, il n'y a plus aucune raison pour que la mère impose au père certaines prérogatives. Chaque parent désormais élève son enfant, avec ce qu'il est. L'enfant se construira d'autant plus positivement qu'on lui laissera la possibilité d'accepter son père tel qu'il est et sa mère telle qu'elle est.

L'histoire du couple est close, définitivement. Même si l'enfant est là. Tant que cette histoire vous hante, vous ne serez pas disponible pour vous ouvrir à une autre liaison.

L'indifférence suggérée ici vient à l'encontre du modèle de coparentalité, ou parentalité conjointe, véhiculée par l'air du temps. Ce modèle pèse lourdement sur les parents, il suppose que l'homme et la femme séparés puissent continuer à former un couple de parents, doivent parvenir à se mettre d'accord sur un certain nombre d'options éducatives. Quand les parents sont sortis de leur besoin de faire la guerre, cela est sans doute possible, mais quand ils en sont encore à faire flèche de tout bois pour alimenter les hostilités, comment croire qu'ils puissent se mettre d'accord ? Ce qui a échoué pendant la vie de couple, comment pourrait-il se réaliser après ? Vouloir qu'un homme et une femme qui ne se sont pas entendus pendant leur vie commune se mettent désormais d'accord ne peut qu'alimenter les conflits.

L'idée que le couple parental doit perdurer pour les enfants, après les divorces, ne peut que retarder le moment libérateur où enfin chacun admet le mode de vie de l'autre, parce qu'il renonce à l'idée de pouvoir contrôler ou changer l'ex-conjoint.

La coparentalité continue à faire peser sur l'enfant la fonction de « trait d'union » si lourde, si pénalisante et si culpabilisante, qui le faisait déjà souffrir du temps où ses parents étaient encore ensemble. Désormais, il est, d'une part, l'enfant d'un père, d'autre part, l'enfant d'une mère. Nul besoin de penser que cet homme et cette femme doivent constituer un « couple » parental. Si les parents s'entendent et communiquent entre eux, ce modèle n'apporte rien de plus ; s'ils cherchent littéralement à abattre l'autre, ce modèle ne fait qu'entretenir les polémiques. Par ailleurs, la coparentalité entretient une autre illusion : celle de l'égalité qui existerait entre les parents. Elle est extrêmement rare ; que l'on vive ensemble ou non, il y a toujours un parent qui prend davantage en charge les responsabilités quotidiennes, voire les choix plus déterminants.

Ainsi, aider les parents, les préparer à vivre leurs singularités, leur suggérer que, désormais, ils peuvent élever leurs enfants au sein même de ce qui les différencie peuvent désamorcer une grande part de culpabilité. Un enfant peut parfaitement se repérer dans ces différences, s'il sent qu'il y a un respect mutuel chez ses parents ; ce que fait l'un ne sera pas discrédité par l'autre. L'enfant peut tout à fait s'y retrouver si, chez sa mère, on se couche à huit heures et, chez son père, à neuf heures, à partir du moment où ces divergences ne sont pas utilisées par les parents pour mettre l'autre en défaut.

Les parents de Noémie, onze ans, et Déborah, seize ans, ne peuvent pas être plus différents. Le père est professeur

de gymnastique, travaille depuis de nombreuses années dans le même établissement. La maman exerce des fonctions dans une association humanitaire, elle est amenée à faire des missions de plusieurs mois dans les pays les plus divers.
Elle a choisi d'inscrire ses filles à des cours d'enseignement à distance. Bien que ce choix ne convienne pas au père, il a fini par s'y faire et par l'admettre, d'autant qu'elles sont parfaitement épanouies. Elles apprécient les séjours « tranquilles » ou presque avec un père qui leur fait faire beaucoup de sport, et elles se sont enrichies de toutes les ouvertures que les voyages avec la mère leur ont permises. Elles ont des amis fidèles en France et gardent des liens avec de nombreux amis rencontrés. Elles savent pertinemment faire la différence entre les valeurs de leur père et celles de leur mère. Visiblement, Déborah s'identifie davantage au modèle de sa mère, et Noémie à celui de son père ; d'ailleurs, les parents s'arrangent pour que la « petite dernière » passe un peu plus de temps avec son père.
Chaque parent vit selon son propre modèle, a fini par admettre celui de l'autre, ce qui autorise les enfants à se sentir à l'aise au cœur de ces deux styles de vie.

Si nous n'apprenons pas à lâcher, à tourner les pages, nous ne pourrons pas en ouvrir d'autres. Cela interroge, en fait, notre capacité à véritablement couper, clore, nous séparer, abandonner, en un mot notre capacité à changer.

EXERCICE N° 10
VRAIES OU FAUSSES SÉPARATIONS ?

1. Quelles sont les différentes ruptures que vous avez vécues sur le plan professionnel, affectif, amical, familial ?
2. Comment les avez-vous vécues ?

3. En règle générale, avez-vous tendance à regretter le passé, à ressasser ce que vous avez perdu, ou bien savez-vous tourner les pages ?
4. Qu'avez-vous découvert pendant ces moments difficiles :
   – dans votre environnement ? Quels ont été vos points d'appui ?
   – en vous ? Avez-vous découvert en vous une force plus grande que ce que vous imaginiez avoir ?
5. Avec du recul, qu'avez-vous acquis, gagné après ces séparations ? Quelles perspectives vous ont-elles ouvertes ?
6. Comment faire en sorte que ces séparations soient encore plus libératrices ?

CHANGEONS, VRAIMENT !

En finir avec l'illusion de vouloir changer l'autre !

Jean-François n'en revient pas : Guillaume, son fils aîné, lui ressemble beaucoup, il a le même caractère que lui. Ils sont à présent très complices, et pourtant il admet qu'il ne s'est pas beaucoup occupé de lui.

D'ailleurs, cela fait toujours enrager Chantal. Elle passa plus d'un soir, crispée sur les devoirs de son fils, qui ne se souvient que d'une seule dictée faite avec son père…

Marié très jeune, Jean-François n'était pas contre le fait d'avoir un enfant rapidement, mais Guillaume fut surtout porté par le désir de sa mère.

Autant Chantal avait eu une enfance insouciante, entourée de parents et de grands-parents aimants, généreux, autant Jean-François garde de son enfance un souvenir triste, malheureux, auprès de parents âgés, d'une mère dépressive et toujours insatisfaite et d'un père effacé.

Il garde au fond de lui l'ombre d'un désamour.

Profondément anxieux, il a le sentiment qu'il lui manque toujours quelque chose pour être heureux. Le bonheur, la paix lui semblent toujours inaccessibles.
Quand Guillaume naît, il est manifestement dans une position de rivalité avec lui. Il a du mal à supporter la proximité de son fils et de sa mère. Extrêmement possessif, il est presque jaloux du temps que Chantal accorde à leur fils, il lui en veut et le lui reproche fréquemment.
Chantal est constamment tiraillée entre son fils et son mari. Elle doit se débrouiller pour travailler, s'occuper de l'enfant, de la maison, et être désirable, souriante et de préférence en bonne santé. Tableau assez classique…
Fragilisé par ce premier enfant, le couple cependant échange beaucoup, parle, discute, réajuste. Chantal entend la souffrance de Jean-François, et essaye de l'aider à réparer les blessures de son enfance. Les moments de bonheur alternent avec les crises. Mais Jean-François demeure toujours en retrait par rapport à l'enfant.
Une deuxième grossesse s'annonce, qui n'était pas programmée. Jean-François fait savoir qu'il ne peut pas affronter la naissance d'un deuxième enfant. Chantal prend en compte cette difficulté, estime que ce serait une erreur de forcer les choses et se résout à une IVG, qui n'en demeure pas moins difficile à vivre… Et elle dira sa souffrance.
Une nouvelle crise est dépassée. Quelques mois plus tard, cette fois-ci, c'est Jean-François qui entend le désir de Chantal ; et bientôt une petite fille va naître.
Malgré beaucoup de bonne volonté, Jean-François ne parvient pas à assister à l'accouchement et va se retrancher de plus en plus derrière un travail débordant, qui le retient souvent à l'extérieur. Avec deux enfants, ayant repris un travail également accaparant, avec un mari possessif, exigeant qui ne prend rien en charge, Chantal finira par exploser, dira et redira sa solitude, son refus de jouer la *superwoman*, son refus de prendre toute la place, parce que Jean-François se réfugie derrière sa fragilité.
« Moi aussi, j'ai le droit d'être frêle et fragile », dit-elle. Elle réitère le besoin de ses enfants d'avoir un père à la place d'un courant d'air.

Quelquefois, il entend, il promet… Il fait une sortie avec les enfants… Puis oublie d'avoir le temps de tenir ses promesses. Chantal suggère une autre sortie.
Et ainsi de suite, elle porte à bout de bras la présence du père auprès des enfants, ou plus exactement elle compense ses absences. « Que voulez-vous que je fasse ? Si ce n'est pas moi qui les amène au sport, ils n'en font pas. Si je devais compter sur lui pour les devoirs, ils ne seraient jamais surveillés… Et je ne parle pas des réunions d'école, il connaît à peine leur classe, et pourtant, quand il y a de mauvaises notes, c'est le premier à hurler après tout le monde. »

Pour être un tableau relativement classique, cela n'en demeure pas moins intolérable à vivre… Et Chantal supporte encore…

Sans doute parvient-elle à le faire parce que le couple ne vit pas qu'à travers les enfants. Ils partagent des activités ensemble, se préservent du temps à eux deux, et elle trouve dans ce couple suffisamment d'amour et de complicité pour pouvoir s'affirmer en tant que femme et se sentir soutenue par le désir de son mari.

Elle peut supporter cela en tant que mère parce qu'elle est reconnue comme femme, peut-être même adulée. Pouvant s'appuyer sur cette relation de couple, en fait, elle ne disqualifie jamais Jean-François devant les enfants, elle ne lui fait jamais de reproches devant eux.
Elle parvient également à toujours réintroduire le père auprès des enfants ; quand elle part en vacances, seule avec eux, elle leur parle de Jean-François : « On va aller acheter des rosiers, pour que papa puisse finir l'allée du jardin. »
Malgré ses efforts, les enfants considèrent un peu leur père comme un étranger. Guillaume a un peu peur de lui et de ses colères. Natacha est plus hardie, plus séductrice.
Guillaume est un enfant nerveux, anxieux, qui dort mal ; Natacha sera longtemps énurétique.
Petit à petit, au prix d'un travail sur lui, Jean-François

trouve un peu de paix en lui. Au point de commencer à exprimer un souhait concernant les enfants, à manifester un désir. Il veut les inscrire dans une école privée. Chantal se laisse convaincre.
Quand l'adolescence de Guillaume commence à se manifester, Chantal ne peut plus se contenter de ce père par intérim. Elle sent qu'elle ne peut plus faire face seule. Elle exprime de nouveau le besoin qu'elle a d'avoir un père à ses côtés.
Comme rien ne bouge concrètement, un jour, elle ne se contente plus de dire ; elle décide de ne plus prendre en charge les devoirs du week-end et de consacrer son samedi après-midi pour elle.

Elle le dit et elle le fait.
Là, elle signe le début d'une révolution…

Après avoir marqué un temps de surprise, après avoir laissé passer un ou deux samedis pour tester la détermination de sa femme, que fit Jean-François ?
Très soucieux de la réussite scolaire de ses enfants, ne supportant pas les baisses de résultats, eh bien, il se mit à faire ce que sa femme avait toujours fait jusqu'à présent.
Ce ne fut pas sans pleurs entre le père et Natacha, ce ne fut pas sans heurts entre lui et son fils, ce ne fut pas sans angoisse du côté de Chantal, ce ne fut pas sans colère entre eux deux.

Mais Chantal avait compris que, pour que les choses changent, il fallait qu'elle prenne le risque de changer, elle.

Bravo ! Les changements passent par des actes, il ne suffit pas de parler, de se comprendre. Plus elle comprenait Jean-François, moins elle était à l'écoute de ses propres besoins à elle.

À un moment donné, elle fut prête à s'absenter et à laisser les enfants en prise directe avec leur père.

Peut-être avait-elle trop voulu épargner aux enfants

les angoisses de leur père et ses colères ? Avait-elle eu trop tendance à les protéger de leur père ?

À présent, elle laisse les enfants et Jean-François gérer ce samedi après-midi en direct, seul à seul, sans intervenir. Elle laisse faire, même si le père ne fait pas comme elle aurait fait, elle, même s'il ne fait pas comme elle aurait voulu qu'il fasse, elle ne veut rien en savoir, elle ne cherche ni à contrôler, ni à superviser, elle profite de ce temps pour elle. Enfin !

Bravo à ces parents qui ont réussi à bien séparer leurs problèmes de couple et leur rôle de parents, et qui n'ont donc pas impliqué leurs enfants dans leurs différends.

Il est important que la mère ne se sente pas coupable parce que ses enfants ne correspondent pas à l'idéal avec un grand I, vous savez : l'enfant, calme, ouvert, beau, intelligent, sage mais pas trop, en un mot parfait ; celui qui n'existe même pas dans les livres. Bravissimo !

En effet, Guillaume est un adolescent anxieux, avec une sensibilité à fleur de peau ; Natacha demeure un peu fragile.

Pour autant, ces enfants me semblent avoir dans leurs valises le bagage le plus important : ils savent, pour l'avoir vécu eux-mêmes, que les choses peuvent bouger, peuvent évoluer, se transformer, au cœur d'une patience active.

Pour faire changer les choses entre le père et les enfants, Chantal a cessé de demander à Jean-François de modifier son attitude, c'est quand elle a dit « Stop, j'arrête » que les choses se sont transformées pour tout le monde.

En fait, elle a pu abandonner son besoin qu'elle avait que Jean-François ait besoin d'elle.

Elle a cessé d'être dépendante de la dépendance de Jean-François à son égard. Pour exister, elle n'avait plus besoin de sentir que quelqu'un existait par elle.

Vouloir « faire quelque chose pour l'autre », n'est-ce pas aussi une certaine forme de pouvoir ? Chantal s'est ouverte à elle-même, à partir du moment où elle a renoncé au pouvoir qu'elle avait.

Voici que je vous invite encore à l'enterrement d'une illusion qui encombre souvent les relations quelles qu'elles soient : on pense pouvoir changer l'autre, grâce au miracle de l'amour ou de l'amitié ; plus exactement, on aimerait que par amour, par amitié pour nous, l'autre change. Or, tant que nous sommes dans cette attente, rien ne bouge.

Se préoccuper d'être soi-même bien dans sa peau, c'est peut-être un des meilleurs moyens pour inviter l'autre à se mettre en chemin pour y advenir.

EXERCICE N° 11
METTRE DU TEMPS ENTRE NOS ENFANTS ET NOUS

---

1. Dans les tâches que vous effectuez en tant que mère, qu'est-ce qui vous pèse le plus aujourd'hui ?
   Quels sont les points de litige entre le père et vous à ce propos, que lui demandez-vous de changer dans son attitude à lui, dans son comportement ?
   Êtes-vous prête à cesser de lui demander quoi que ce soit, à ce propos ? Si oui, vous pouvez poursuivre l'exercice ; si c'est non, il est inutile de le poursuivre, vous perdriez votre temps.
2. Qu'est-ce que vous aimeriez alléger, aujourd'hui, dans votre rôle de mère ? Notez-le. Pour l'instant, ne vous en préoccupez plus.
3. Aimeriez-vous consacrer un peu plus de temps à vous, à une activité qui vous plaît ? Laquelle ? Commencez par envisager une activité qui ne vous prenne qu'une heure par semaine.

4. Commencez par vous renseigner où, quand, comment vous pourriez faire cette activité. Il n'est pas utile d'en parler au père ni à votre compagnon, cela vous concerne, vous uniquement, il n'y a rien à justifier, il n'y a pas d'autorisation à demander.
5. Essayez d'imaginer ce que cette activité va changer dans votre vie propre. Et un matin, inscrivez-vous…
6. Dans un mois, reprenez le point 2 ; avez-vous le sentiment que le fait d'avoir pris du temps pour vous ait allégé votre tâche ; les enfants en ont-ils ressenti les effets ?

4

Sortir du conformisme de pensée

L'ÉDUCATION, UNE AFFAIRE DE PARADOXES

Les solutions se trouvent dans les questions

Géraldine n'en revient pas. Florian, son fils, vient d'avoir quinze ans. « Quand il était petit, explique-t-elle, il était un peu timide et réservé, on m'a dit à l'époque : "Vous êtes trop sur son dos, laissez-le vivre sa vie, il faut qu'il soit plus libre." C'est ce que je me suis efforcée de faire. Aujourd'hui, ses professeurs me convoquent pour me dire : "Votre fils est insolent, il ne sait pas se tenir en classe, il ne supporte pas l'autorité." Et ils me laissent entendre que j'ai été trop laxiste ! »
Alice s'amuse à raconter : « J'ai eu trois enfants à trois années d'intervalle. À la naissance de l'aînée, j'avais envie de l'allaiter. À la clinique, ils m'ont dit : "Vous n'y pensez pas, les laits industriels sont plus complets, vous doserez mieux, vous saurez ce qu'il boira avec plus de rigueur." Bref, ils ont réussi à me décourager. Je retourne dans la même clinique plus tard pour ma seconde fille, je m'étais préparée à l'idée de lui donner le biberon, comme pour mon aînée. Je me suis fait littéralement incendier : "C'est tellement important, le contact mère-enfant, rien n'équivaut le lait maternel, il vaudrait mieux l'allaiter." Le plus drôle, c'est que c'était la même équipe. À la troisième

naissance, je n'ai rien voulu entendre de leurs conseils, j'ai fait comme j'ai senti… »

Les années se succèdent, avec leur cortège de recommandations, de conseils, de normes. Alors, bien sûr, il y a un effet de mode un peu déroutant, mais, à travers ces alternances, ne sommes-nous pas en train de découvrir à quel point l'éducation ne peut pas se résumer à une application de modèles ?

Depuis des décennies, les parents essuient des revirements théoriques considérables. Pendant de nombreuses années, il fallait favoriser le libre épanouissement de leur enfant, puis il leur fut reproché leur démission ; après avoir dit « oui » à tout, il fallait désormais dire « non ».

Pendant de nombreuses années, les pères et les mères traquèrent l'Œdipe afin de vérifier si leur fils ou leur fille « faisait bien leur complexe » par rapport aux normes établies ; puis à présent, il leur est dit qu'il n'est pas nécessaire de s'y référer. Pendant de nombreuses années, ils ont subi les affres paralysantes et culpabilisantes du « Tout se joue avant six ans », et à présent ils apprennent que les enfants ont de telles ressources qu'ils peuvent se sortir des situations les plus difficiles.

Bref, il est temps de ne plus considérer qu'une vérité en chasse une autre. Car l'éducation se trouve au confluent de toutes ces tendances contradictoires. Les théories ne sont pas des dogmes terroristes ; il est important de les découvrir, mais encore plus de les oublier ; ces connaissances ne deviennent utiles que lorsqu'on peut s'en passer. Il est temps de prendre de la distance par rapport à tous ces modèles qui s'imposent.

Tant que nous attendrons des réponses de l'extérieur, nous risquons d'être en porte-à-faux avec ce que nous vivons.

La subtilité des échanges qui existent entre un père,

une mère, les enfants, les interactions incessantes qui structurent leurs liens, les messages imperceptibles qui font et défont les alliances, les mouvements infinis qui transforment les positions de chacun ou les rigidifient font de la relation éducative une réalité extrêmement complexe. Tant de choses sont mises en jeu. Vouloir plaquer sur cette réalité riche, foisonnante, en perpétuel mouvement, un modèle théorique, aussi pertinent soit-il, conduit inévitablement à des impasses.

Le décalage entre l'épaisseur, la richesse, la plasticité des échanges vécus et la platitude des modèles standardisés, extérieurs, figés donne inéluctablement aux parents le sentiment d'être à côté de ce qu'ils devraient faire ; cela ne peut qu'ajouter de l'angoisse à l'angoisse.

Prenons un exemple : un père surveille les devoirs de son fils. Celui-ci n'est pas content, il boude, il y met de la mauvaise volonté. Le père s'énerve. On pourrait lui conseiller de se montrer souple, et il finirait par se dire : « Finalement, je ne m'acharne pas, il faut qu'il se prenne en charge lui-même, il se mettra à travailler quand il comprendra que c'est pour lui que c'est important. »

On pourrait tout aussi bien lui recommander d'être strict. Il resterait alors avec son fils dans la chambre tant qu'il n'aurait pas fini son travail correctement. Le père, fort des recommandations reçues, tiendra bon face aux cris, aux pleurs.

Mais nul ne peut savoir à l'avance quelle sera l'attitude la plus efficace. Dans les deux cas, les effets peuvent être opposés à ceux espérés. Dans le premier cas, le père aura l'impression d'avoir été « sympa », mais pour autant son fils pourra estimer qu'il a manqué de ténacité et prendra cela comme un désintérêt, une démission de sa part ; il s'attendait peut-être à plus de résistance paternelle. Dans le deuxième cas, le fils finira ses devoirs, mais le lendemain en classe, il pourra s'arranger pour ne plus rien savoir et avoir une mauvaise note, ce qui serait une façon de mettre en échec l'autorité de ce père qui ne « lâche » rien.

En fait, personne ne peut, mieux que le père, savoir ce qu'il faut faire. Les réponses modélisantes de l'extérieur viennent *a posteriori* alors que la relation éducative nécessite sans cesse que l'on sache anticiper, improviser. Ainsi, ce sera dans une perception extrêmement subtile que ce père et ce fils, de jour en jour, pourront accorder leurs pas, en s'ajustant peu à peu l'un à l'autre, dans un jeu où tour à tour l'enfant testera le père et ce père aura à s'imposer avec finesse, c'est-à-dire avec doigté, en modulant fermeté et souplesse. Tous les jours, les données changent, riches de l'expérience de la veille et de la nouveauté du quotidien ; tous les jours, les choses peuvent empirer ou s'améliorer. Si l'un des deux s'enferme dans une attitude stéréotypée, le blocage n'est pas loin. Tant que le père ne parvient pas à prendre en compte ce qui se joue là, entre son fils et lui, l'enfant peut avoir l'impression qu'il n'est pas reconnu dans sa singularité, et il peut alors discréditer ce père qui n'est pas capable de décoder les messages qu'il lui envoie.

Compliqué, dites-vous ? Au contraire, c'est au cœur de ce jeu que l'éducation devient plus légère et prend toute sa saveur, car constamment nous devons inventer notre comportement, l'adapter à la réalité du moment. C'est parce qu'il y a cette possibilité de se surprendre soi-même et de surprendre son enfant que les parents peuvent supporter leurs responsabilités. Et il s'agit bien de le considérer comme un jeu, dans lequel nous cherchons à deviner la stratégie de l'autre, ce qui permet de déterminer la nôtre. Bien entendu, en tant que parents, nous devons préserver le but ultime du jeu, à savoir permettre à notre enfant d'être le mieux avec lui-même.

Cela vous amuse-t-il d'essayer d'y parvenir ? Que faudrait-il tenter de faire alors ?

Si par exemple vous étiez à la place de ce père…

Avant tout, sentez. Sentez, percevez, et interrogez-vous.

Interrogez-vous sur ce que l'école représente pour vous, pour sa mère, pour cet enfant, en particulier par rapport à ses autres frères et sœurs. Sentez ce qui se joue là, entre vous deux, au moment où vous travaillez avec votre fils, sentez ce que sa mère ressent de ces moments-là.

Au-delà des manifestations de colère de l'enfant, qu'est-ce que son regard dit de ses peurs, qu'est-ce que son corps exprime de ses inquiétudes, de ses espoirs ? Manque-t-il de confiance en lui ?

Dans son attitude, qu'est-ce que votre enfant dit de sa place dans le couple, qu'est-ce qu'il cherche à atteindre en vous, et chez l'autre parent ou compagnon ? Mais aussi qu'est-ce qu'il vous dit de lui, de sa souffrance ? Cherche-t-il des marques d'affection qui lui manquent ? A-t-il besoin d'être rassuré ? De quoi ? Qu'est-ce qui fait que vous n'avez pas pu répondre à cette demande jusqu'à présent ?

Il ne s'agit pas d'analyser, de disséquer, de chercher à comprendre, ni d'interroger l'enfant. Non, il s'agit seulement d'ouvrir le questionnement en soi, de dérouler en soi la complexité de la situation. Questionnez-vous sans chercher de réponse, les réponses figent, et puis, qui connaît la bonne réponse ? À l'intérieur de vous, une question va conduire à une autre question, puis à une autre, et ce mouvement va vous amener à considérer le problème d'une manière nouvelle.

Lorsque vous visitez un monument, vous le découvrez différemment au fur et à mesure que vous vous déplacez, vous ne voyez pas les mêmes choses si vous êtes à l'intérieur, à l'extérieur, en le contournant, si vous

vous trouvez à deux mètres de lui, à dix ou cent mètres. Avec vos enfants, les questions créent un mouvement du même ordre, elles vont permettre de vous déplacer par rapport au problème et de donner de l'amplitude à votre regard, elles vous aident à découvrir des aspects nouveaux de vos difficultés. La situation reste bloquée tant que vous ne trouvez pas un nouvel angle de vue.

Bien d'autres questions peuvent surgir. Le père pourrait se demander qui, de lui ou de sa femme, valorise le plus la réussite scolaire. Quelle scolarité a-t-il eue, quand il avait le même âge que son fils, et sa mère ? Quelle était l'attitude de leurs parents respectifs ? Si ce père est plutôt sévère, ou s'il est plutôt plus souple, qu'est-ce que pense la mère de cette attitude, qu'attend-elle de lui ? En prenant cette position, le père « répond-il » indirectement à la mère, règle-t-il quelque chose avec elle, y a-t-il un enjeu particulier entre eux deux qui se jouerait sur le terrain de la scolarité de l'enfant, mais qui relèverait d'un tout autre dilemme ?

En changeant de position, les solutions quelquefois s'imposent sans qu'on y prenne garde. Ce père pourra se rendre compte, par exemple, que, pour donner à son fils l'envie de se mettre au travail, il vaut peut-être mieux aller faire du foot avec lui, ou aller à la piscine ensemble. Le conflit qui se joue à propos des devoirs recouvre sans doute une autre demande. Finalement, cet enfant a peut-être envie de partager quelque chose de particulier avec son père, en dehors de la maison.

Tant que vous n'avez pas trouvé la bonne solution, c'est que vous n'avez pas trouvé la bonne question. Bergson disait : « Les vrais grands problèmes ne sont posés que quand ils sont résolus [1]. » Il s'agit d'abord de poser le

1. Henri BERGSON, *La Pensée et le Mouvant*, PUF, Coll. « Quadrige », 1938, rééd. 1993.

problème le plus justement possible. En tirant le fil de la « bonne » question, la solution se dénoue petit à petit, sans même bien souvent qu'on ait besoin de se torturer l'esprit.

Le paradoxe, ou le refus du « sens unique »

Nous avons tous des valeurs autour desquelles notre vie prend son sens et que nous aimerions transmettre à nos enfants, ces valeurs induisent un certain nombre de règles de conduite, elles sont essentielles et indispensables à mettre en œuvre dans la relation avec nos enfants. L'éducation, c'est en fait une mise en œuvre au quotidien de notre éthique. Il est indispensable que les parents n'aient pas le sentiment de renoncer à des valeurs qui leur sont chères. Pour les partager avec les enfants, il faut beaucoup de souplesse. Plus nous pourrons être mobiles dans notre comportement, plus nous nous donnerons des chances d'être entendus par nos enfants. La rigueur de nos règles éthiques se mettra en place grâce à la souplesse de nos attitudes et à notre capacité de prendre en compte les contradictions de nos enfants.

> Fanny, seize ans, se plaint. Sa mère entre dans sa chambre, elle ne se gêne pas pour lire son journal intime, ni pour fouiller, elle a été ainsi amenée à découvrir du cannabis… Fanny est très en colère, et pourtant, elle ne parvient pas à interdire à sa mère l'accès de sa chambre. Si l'une est un peu trop intrusive, l'autre ne se résout pas aussi facilement qu'elle le dit à ce que sa mère la « lâche ». « C'est elle qui fait mon lit, elle vient prendre le linge sale, elle fait le ménage », explique Fanny, comme pour s'excuser.
> Elle est, par ailleurs, tout à fait capable d'imposer à sa mère ses horaires de sortie et de rentrée, mais là elle est très ambivalente, comme si elle ne pouvait se passer du contrôle de sa mère.

L'une et l'autre s'entretiennent dans une codépendance. La mère de Fanny sait pertinemment qu'il ne faut pas être intrusive comme elle se permet de le faire, mais elle ne peut s'y résoudre, parce que sa fille l'entretient dans cette position. Cependant, c'est à la mère qu'il appartient de casser ce mode de codépendance. Pour y parvenir, il lui faudra reconnaître toutes ses ambivalences et celles de sa fille. Plus les parents tiendront compte des contradictions de la relation, plus leurs attitudes seront justes, subtiles et appropriées.

Pour accéder à leur autonomie, les enfants oscillent entre deux besoins contraires : celui de notre présence et celui de notre absence. La relation se joue toujours sur le fil du rasoir, au cœur d'une tension qui nous situe constamment dans deux positions contraires. Ce n'est pas toujours confortable, d'autant moins que nous vivons dans des cultures où les contradictions ont mauvaise presse. Le « cartésianisme » rôde toujours dans nos esprits, toute une tradition de pensée cherche à éradiquer les contradictions. Sous prétexte de logique, nous voudrions qu'une vérité soit définie une fois pour toutes et dans l'exclusion de son contraire. Quelle chance, nous n'aurions plus besoin de nous poser de questions ! Mais, nous le percevons bien, nous vivons dans un monde où une chose et son contraire cohabitent, et la relation éducative, comme dans un phénomène d'écho, amplifie ce phénomène. La complexité relationnelle nous place de plus en plus devant des paradoxes. Pour nous y sentir plus à l'aise, peut-être faut-il déjà découvrir la richesse qu'ils comportent. La confrontation même des contraires génère une énergie émergente qui rend mobiles les échanges.

Laissons-nous emporter dans des temps imaginaires… Deux hommes se battent. Ils évaluent mutuellement leurs forces. Chacun tend à la mort de l'autre. À un moment donné, l'un d'eux s'aperçoit qu'il va mourir, et il abandonne la lutte en se constituant l'esclave de celui qui devient maître.

Le maître est sorti vainqueur parce qu'il a été capable d'affronter, de surmonter la peur de la mort. Il a montré une « calme indépendance » face au risque de perdre sa vie, il a affirmé sa suprématie sur l'autre. Leur rapport à la mort a déterminé leur rapport différent à la vie.

À partir de ce moment-là, l'esclave doit répondre aux besoins du maître. Celui-ci ne vise que son plaisir immédiat et l'esclave lui fournit tout ce qui lui est nécessaire. Pendant que le maître perd petit à petit tout accès direct aux choses, l'esclave découvre la résistance des choses, du monde, et il les transforme par son travail. Il se trouve acculé à être ingénieux, inventif, patient.

Et bientôt les choses se renversent, le maître devient dépendant de l'ingéniosité de l'esclave, il ne peut pas se passer de lui pour vivre, et l'esclave affirme sa suprématie parce qu'il n'a pas besoin du maître pour vivre[1].

Les contradictions sont donc le signe même de l'évolution possible, une situation peut se transformer en son contraire ; rien n'est jamais figé. Changer suppose que l'on supporte les mouvements contraires de l'existence, l'énergie motrice de la confrontation engendre l'évolution. Chaque étape de la vie se fonde dans son contraire ; pour que l'enfant accède à son indépendance, il a besoin d'avoir senti suffisamment notre présence. Les enfants se construisent, élaborent leurs propres repères, les contours de leur identité au cœur de cette alternance.

Plus nous nous saisirons de ces contradictions, moins nous chercherons à les réduire, et plus nous permettrons à l'enfant de se passer de nous.

---

1. Récit extrêmement simplifié par l'auteur de la « dialectique du maître et de l'esclave », *in* Georg W. F. HEGEL, *La Phénoménologie de l'esprit*, Aubier, Paris, 1983.

Qu'est-ce qu'un paradoxe ?

L'étymologie est grecque : *para doxa. Para :* contre ; *doxa :* opinion, opinion commune.

Le paradoxe, c'est quelque chose qui s'oppose à la *doxa*, à l'opinion commune. Il se heurte au bon sens, non pas par pure provocation, mais parce qu'il porte en lui une autre vérité que celle du sens commun.

Un jour ou l'autre, dans un jeu de devinettes, vous avez dû entendre énoncer un des paradoxes types : « Un Crétois dit : tous les Crétois sont menteurs. » Or lui-même étant crétois, dit-il la vérité ? Impossible à résoudre, et il vaut mieux ne pas chercher à le résoudre, cela pourrait rendre fou. Les paradoxes comportent une logique, mais échappent à la logique courante. En ce sens, ils ont une forte valeur de remise en cause, ils stimulent la désobéissance, l'insoumission à la *doxa*, dans un mouvement fortement libérateur. En ce sens, les paradoxes sont une invitation au jeu, et à l'humour.

Le paradoxe fait apparaître que chaque réalité a plusieurs sens possibles ; qu'il y a toujours un envers du décor et une hétérogénéité de perspectives. Jusqu'à présent, le poids des idéologies pouvait amener les parents à penser qu'il y avait « un » sens, « un bon » sens, « une bonne » direction, « une » réponse, « un bon » modèle, or la perte des idéologies laisse les parents en face d'une réalité plurielle, diverse, qui suppose un choix vaste, qu'ils ne sont pas encore prêts à affronter.

La vérité est hétérogène, métissée. Pour ne pas tourner en rond avec nos enfants, il nous faut soulever l'épaisseur de ces sens multiples. En allant visiter l'envers du décor de la scène éducative, en refusant l'unicité qu'impose le sens commun, nous pouvons devenir innovants, c'est ce que réclame de plus en plus la relation entre les parents et les enfants.

Un nouveau rapport à l'éducation s'impose, elle n'est

plus le lieu des certitudes. Être parents, c'est chercher, inventer, improviser, s'outiller pour vivre au cœur de cette pluralité de voies qui se croisent, s'entrechoquent, se contredisent.

Ouverture aux sens multiples…

La communication : un jeu subtil entre écoute, silence et parole

La communication est à la base de la relation éducative. Nous le savons tous, mais il ne suffit pas de le savoir. Tous les jours nous souffrons d'un manque de communication, tous les jours nous mesurons à quel point dire et se faire entendre est difficile. Mais communiquer, cela se résume-t-il à parler ?

Rejoignons Adam et Ève. Ce premier couple parental mythique n'a pas été épargné.

> Abel est pasteur, il garde et fait prospérer un beau troupeau de bêtes. Caïn cultive la terre.
> Jusque-là, tout va bien. Un jour, ils décident de faire une offrande à Dieu.
> Nous ne saurons jamais pourquoi, mais Dieu accepta l'offrande d'Abel et refusa celle de Caïn, qui, dépité, fit à ses dépens l'expérience de l'arbitraire et du rejet injuste.
> Espérant sans doute quelque réconfort, il appelle son frère. Et là… terrible silence… Rien ne se passe… Caïn alors se lance sur Abel et le tue.
> Le crime fait suite à une impossible rencontre, à un impossible dialogue.
> Sans doute connaissez-vous la suite. Dieu fait semblant de n'être au courant de rien et pose à Caïn la fameuse question « Qu'as-tu fait de ton frère ? » et Caïn répond le fameux : « Suis-je le gardien de mon frère ? »
> Dieu, à ce moment-là, se met en colère et sanctionne.
> À partir de là, Caïn mesure l'abomination de son crime. Il

aura fallu un meurtre, une sanction pour qu'il puisse reconnaître son geste.
Tout se passe comme si l'accès à la dignité humaine passait par l'accès à la conscience de notre responsabilité.
En réalité, Caïn n'a pas supporté le silence de son frère, il s'est senti trahi par ce frère qui ne lui a pas répondu.
Mais Abel savait-il parler ? Parlait-il un autre langage ? Y avait-il à entendre autre chose que l'absence de communication dans ce silence ? On ne le saura pas. Caïn n'a pas laissé à Abel le temps de trouver sa parole, le temps de dire.
Il ne lui a pas laissé le temps d'advenir à son humanité.
Et c'est là le meurtre.
Le silence d'Abel était peut-être le silence de quelqu'un qui n'était pas encore présent à lui-même. Alors, comment reconnaître l'autre quand il se tait ? Caïn n'a pas entendu cette première parole, celle qui est là avant les mots.
Abel est mort de n'avoir pas pu être reconnu comme sujet, à travers son silence.

La communication ne se réduit pas, loin s'en faut, à la parole, c'est avec notre corps tout entier que nous exprimons ce que nous avons à dire. Nous pouvons envoyer des messages dissonants entre notre corps et notre parole, en disant par exemple à un enfant : « Viens m'embrasser » et dans le même temps, par un geste à peine perceptible, lui signifier de rester à l'écart.

Communiquer, c'est peut-être avant tout entendre. Et plus encore, entendre ce que l'autre n'est pas encore prêt à nous dire. En tant que parents, il faut entendre ce que les paroles de notre enfant ne disent pas.

Il y a, là aussi, un subtil dosage à manier entre parole et silence.

D'un côté, pour permettre à notre enfant de s'affirmer dans sa dignité d'être humain, nous devons l'aider à advenir à sa parole, une parole riche de ce qu'il est, nourrie de ses émotions, traversée tout entière de sa présence à lui-même, comme une eau de source qui s'enrichit de tous les minéraux qu'elle charrie à travers les terres qu'elle parcourt. Il s'agit de lui permettre non pas de parler pour ne rien dire, mais de parler de façon à être entendu, c'est-à-dire dans le souci absolu de partager avec quelqu'un d'autre sa vision du monde. Les mots alors matérialisent sa présence à lui et sa rencontre avec l'autre. Il lui faudra sans doute toute une vie pour parvenir à passer des non-dits à une parole vraie et juste, et notre rôle de parents consiste à lui indiquer l'importance de cette direction et de l'outiller pour le voyage qu'il effectuera lui-même.

D'un autre côté, il y a toujours une part de silence à respecter, une part d'indicible à préserver. « Au cœur de chaque personne se trouve un élément de non-communication qui est sacré, et dont la sauvegarde est précieuse[1]. »

L'enfant a droit au silence. Nous avons à renoncer à notre besoin de tout dire et de tout connaître de notre enfant. Le silence est l'autre voix de la communication. Il est le lieu où se fonde la parole, où s'élabore précisément la possibilité de dire.

La communication, en fait, est elle aussi un jeu ; elle est un véritable jeu de cache-cache. Si l'adolescence est une période particulièrement difficile, c'est, entre autres, parce qu'elle met à vif le paradoxe de la communication : un adolescent ne supporte pas de ne pas être compris, mais a surtout besoin de ne pas être dévoilé.

Ce que disait Winnicott en parlant des artistes pourrait parfaitement s'adapter aux adolescents :

« Se cacher est un plaisir, ne pas être trouvé est une catastrophe. »

---

1. Donald W. WINNICOTT, *Processus de maturation chez l'enfant*, Payot, Paris, 1970.

À l'adolescence, la préservation de l'isolement personnel fait partie de la recherche de l'identité. Communiquer, c'est respecter cette zone de silence existant entre chaque individu, pour éviter l'intrusion et l'acharnement du « tout vouloir dire ».

Il y a un jeu incessant entre s'exposer et se dérober. Si nous ne répondons pas, il sera vexé de ce qu'il prendra pour de l'indifférence ; si nous répondons, il pensera que nous nous mêlons de choses qui ne nous regardent pas. D'un côté, nous devons montrer que nous avons entendu sa souffrance et, d'un autre, nous devons lui laisser le soin de la prendre en charge lui-même. Si nous sommes trop vite dans la réponse, nous ne lui laissons pas la possibilité de faire surgir ses ressources propres, mais s'il nous voit trop distant, il n'aura pas le point d'appui qui lui est encore nécessaire, l'assise qui lui permettra de se passer de nous.

Alors, communiquer, est-ce autre chose que jouer ? Il y a nécessairement des parties ratées, perdues, de la triche ; l'essentiel, c'est d'y faire face avec humour. Plus c'est sérieux, et moins il faut se prendre au sérieux. Plus c'est pesant, moins il faut dramatiser.

Plus c'est pénible, plus il faut savoir rire de nos problèmes et de nous. Cette dérision de nous-mêmes permet de relativiser et souvent remet les choses à leur place. Pas facile bien sûr, mais nous pouvons toujours y tendre !

L'humour va nous permettre de nous délester un peu du souci de nous-mêmes, de mettre du jeu dans la relation.

> Jean-Pierre a trente-cinq ans, il est père de deux garçons. En proie lui-même à un profond malaise, mal dans sa peau, il s'est mis dans une position de grande rivalité avec ses fils, notamment avec l'aîné.
>
> Cédric approche de son adolescence, il n'a pas confiance en lui, il se montre profondément insécurisé, alors même

que son petit frère présente un tableau opposé, à l'aise dans les contacts, malicieux, ne se laissant pas facilement intimider.

Jean-Pierre explique qu'il a toujours fait peser sur Cédric une pression particulièrement importante, il fallait qu'il soit excellent en tout, il devait réussir à l'école, au sport, en musique…

Il dit lui-même : « Je ne lui laissais pas de jeu possible. » D'une part, il n'y avait pas de place véritable pour des « jeux », que Jean-Pierre considérait comme du temps de perdu, futile ; d'autre part, il ne laissait pas de jeu, pas d'espace entre eux, il était tout le temps sur son dos. Cédric dira : « Je suis avec lui comme au garde-à-vous », se contrôlant sans cesse et dépourvu de spontanéité.

Au cours de l'entretien, dès que Cédric exprimait quelque chose, son père le reprenait, en lui envoyant le message implicite que ses réponses n'étaient pas assez précises.

Ces disqualifications ne s'exprimaient pas nécessairement sur un mode verbal, mais par des gestes, des expressions du visage qui en disaient plus long que des paroles.

Cédric ne pouvait pas respirer sans que son père ait quelque chose à reprendre de sa façon de respirer ; Cédric se sentait constamment regardé, jugé, évalué, plus grave encore, rabaissé, dévalorisé, comme s'il devait sans cesse justifier de son existence, de ce qu'il est.

Jean-Pierre, pris par ses propres conflits intérieurs, à la fois demandait à son fils d'être le meilleur et le mettait dans une position d'impuissance ; comme s'il ne pouvait pas supporter que son fils s'affirme, développe son identité, prenne place en lui. Plus tard il dira : « J'avais toujours besoin de gagner sur lui, les parties étaient perdues d'avance pour lui. »

Ce père fait de la relation avec son fils un « enjeu » personnel, et, du coup, il n'est plus à sa place de parent. Le père se met littéralement « en jeu » dans la relation avec Cédric. Il a besoin d'exercer un pouvoir sur son fils pour se sentir puissant. Il a besoin de maîtriser l'autre pour se sentir exister lui-même. Il est tellement fragilisé dans son identité qu'il pense pouvoir la conforter en dominant son fils. En agissant ainsi, il ne permet pas la possibilité d'une confrontation, comme s'il ne se sentait pas capable de l'assumer. Or l'enfant, pour élaborer son identité, pour se structurer psychiquement, a besoin de s'affronter. Tenir sa place de parent, c'est ne pas entraver l'affrontement nécessaire, c'est en garantir les conditions. Cette confrontation peut s'effectuer si on laisse « du jeu » dans la relation. Entre l'enfant et nous, il y a toujours un espace transitionnel à préserver et qui permet à chacun de rester à sa place. C'est en quelque sorte une « zone franche », un territoire neutre qui n'appartient ni à l'un ni à l'autre, qui se définit chaque jour différemment. Cet espace crée du « jeu » entre les uns et les autres.

C'est cette zone franche, cet espace laissé vide entre l'enfant et le parent qui permet à chacun d'être à la fois en soi et pour l'autre. Cet espace garantit la possibilité d'être avec l'autre sans se sentir menacé et évite les intrusions. C'est dans cette aire impalpable, immatérielle que se tissent concrètement les liens. Indéfinissable, subtile, elle est cependant le creuset de l'échange. En tant que parents, notre responsabilité consiste à toujours préserver cette zone de « sécurité » nécessaire et pour l'enfant et pour soi, pour ne pas nous sentir nous aussi trop envahis par lui.

La relation, c'est une question de limites.

EXERCICE N° 12
DÉPOUSSIÉRER LES IDÉES REÇUES

1. Quel est le problème majeur que vous estimez, vous personnellement, avoir avec votre enfant. Si vous avez plusieurs enfants, rédigez une formulation pour chacun d'eux.
2. Quelles sont les opinions communes, à ce propos ? Qu'est-ce qu'en dit votre entourage ?
3. Qu'est-ce que vous avez lu à ce propos ?
4. En quoi toutes ces opinions sont-elles justes ? En quoi sont-elles fausses ? À présent, oubliez tout cela.
5. En tenant compte de votre expérience, de votre vécu, de la réalité de ce que vous êtes, là où vous en êtes en ce moment, quelle serait selon vous l'autre manière de considérer le problème. Évoquez les questions qui vous viennent à l'esprit, laissez dérouler en vous le questionnement, sans chercher de réponses. Une solution se dessine-t-elle ?
6. Pensez-vous à d'autres idées reçues qui vous ont plus handicapé qu'aidé ?

☐ Vous pourrez en parler sur le site Internet : grandiravecsesenfants.com.

ACCEPTER NOS INCOMPÉTENCES, SANS CULPABILISER

Les parents sont-ils dangereux pour leurs enfants ?

Maud a trente et un ans. Elle s'est mariée à vingt-cinq ans avec Michel. Leur fils a cinq ans. Maud est dépressive. Assez rapidement, il apparaît que son père, Serge, lui a voué une véritable adoration quand elle était petite. Rien n'était assez digne d'elle, il n'a cessé de lui prouver qu'elle méritait le meilleur, les meilleurs professeurs, les meilleurs amis, les meilleures études. Il contrôlait tout de sa vie, et elle, véritablement anesthésiée par cet amour débordant du père, emboîtait le pas de ses exigences. Elle quitta prématurément le lycée car les enseignants n'étaient pas à la hauteur, elle eut du mal à rester stable dans un travail, considérant que ses supérieurs étaient tous des « imbéciles », toujours soutenue par son père.

Dans le même temps, sa mère ne pouvait pas s'approcher d'elle, le père s'étant pratiquement accaparé l'éducation de Maud. Cela aboutit quasiment à un « partage » des enfants, la sœur cadette étant devenue la « fille de sa mère », et Maud souffrit de cette distance trop grande avec sa sœur et sa mère. Trop d'amour d'un côté, pas assez de l'autre.

Quand elle rencontre Michel, celui-ci est réellement mis en difficulté ; quoi qu'il fasse, il ne pourra jamais l'aimer comme son père l'a aimée, et il ne pourra combler les carences maternelles. Pendant que le couple se débat avec cela, Antoine manifeste beaucoup d'angoisse, dort mal, fait des cauchemars, a du mal à se socialiser à l'école.

Entre le « trop d'amour » reçu d'un côté et le « pas assez » de l'autre, Maud éprouve comme un déséquilibre, et Antoine, à son tour, a du mal à trouver ses repères affectifs, ne se sent pas rassuré auprès de parents qui ne savent pas se situer l'un par rapport à l'autre. Peut-être ne sait-il pas très bien quel amour il peut attendre de cette mère qui fut elle-même trop aimée et de ce père qui ne parvient pas à faire entendre l'amour qu'il porte à sa femme. Il peut ressentir que l'amour est quelque chose de dangereux, difficile à doser et à partager.

Si l'amour est indispensable, pour ne pas qu'il piège nos enfants, il faut cesser de l'auréoler d'un certain romantisme.

C'est toujours au nom de nos bons sentiments que

nous faisons les pires erreurs ; nos bons sentiments peuvent représenter un risque certain pour les enfants.

> Alexandra sourit, mais elle est absente d'elle. Elle cherche surtout à faire plaisir et à répondre à ce que lui demandent les adultes. Elle est dans le « faire-semblant ». Triste, elle n'a pratiquement pas de demande personnelle, elle s'adapte, se plie pour ne pas se rompre. Sage, trop sage, elle accomplit ce que ses parents n'arrivent pas à faire eux-mêmes en tant que parents, elle prend en charge sa petite sœur et joue auprès d'elle le rôle de mère.
> Il faut dire que ses parents, en procédure de divorce, sont dans une guerre « sans pitié » l'un envers l'autre. Tellement mobilisés l'un contre l'autre, tellement absorbés, submergés par la volonté de prouver à quel point ils sont victimes de la violence psychologique de l'autre qu'il leur est quasi impossible de percevoir la souffrance de leurs enfants, ni même leurs besoins les plus évidents.
> Au cours de l'entretien que j'ai avec la mère, celle-ci est tellement animée du désir de dénigrer son ex-mari, tellement vindicative qu'elle ne peut même pas entendre la petite sœur d'Alexandra lui réclamer son biberon d'eau. C'est Alexandra qui, ne parvenant pas non plus à attirer l'attention de sa mère, finit par tirer l'eau du sac pour le donner à sa petite sœur. Elles avaient beau tirer sur sa manche, l'appeler, pleurer, attirer son attention, rien ne put détourner cette femme de la hargne qu'elle exprimait à l'encontre du père.

C'est pourtant au nom de l'amour qu'ils portent à leurs enfants que ce père et cette mère s'arrachent littéralement la résidence de leur progéniture, mais pendant qu'ils mènent ce combat, ils s'absentent de leur rôle, ils ne sont plus à leur place de parents. Depuis leur séparation, c'est jugement sur jugement, appel sur appel, les enfants ont déjà changé plusieurs fois de domicile, et quand ils sont chez l'un, celui-ci s'arrange pour rendre impossible les droits de visite de l'autre. Alexandra ne sait plus où elle en est, perdue dans ses repérages affectifs et identitaires. Elle ne survit qu'en faisant plaisir alternativement à l'un et à l'autre « car ils l'aiment tellement ! ».

Comment peut-elle se construire ? Elle n'est qu'un objet utilisé, elle est complètement soumise au pouvoir de ses parents, ils la possèdent tour à tour, elle n'est qu'un instrument pour atteindre l'autre, lui faire mal, voire l'abattre. Malgré cela, ses parents restent persuadés qu'ils adorent leur fille.

Toute la question est de savoir qui on aime à travers l'enfant : lui, nous, un autre ? N'est-il pas, bien souvent, celui qui ne fait que nourrir notre égocentrisme, notre égoïsme et notre individualisme ?

Il faut sans cesse interroger de quoi est fait notre attachement à l'enfant. Quels comptes règle-t-on sous couvert d'amour ?

Quelquefois, l'amour est un cache-misère. Au nom des sentiments que l'on a pour notre enfant, on l'oublie comme sujet, il devient objet soumis à notre seul désir. À partir du moment où on se dit parent aimant, on peut imaginer pouvoir faire l'économie d'une remise en cause. Au contraire, quand nous avons tendance à justifier notre conduite par la tendresse infinie qu'on porte à l'enfant, cela mérite qu'on s'interroge. Ce n'est pas parce qu'on aime son enfant que tout ira bien pour lui.

L'amour n'est pas une protection et n'est en rien une garantie. Protéger notre enfant, prendre soin de sa fragilité commencent peut-être par le fait de se savoir potentiellement dangereux pour lui.

En tant que parents, notre bonne volonté ne suffit pas ; nous sommes virtuellement dangereux pour nos enfants ; trop proches ou trop lointains, trop semblables ou trop différents ; trop possessifs ou trop indifférents.

Notre amour même peut être menaçant pour lui. Il

peut être trop intrusif ou risque d'instaurer des rapports de dépendance, de trop grande loyauté.

Le respect s'institue quand je perçois l'autre comme une liberté extérieure à la mienne, c'est-à-dire quand je perçois que l'autre – enfant, mari, ami, collègue – n'est pas soumis à mon pouvoir, n'est pas l'objet de mes désirs, mais que je le considère comme un sujet désirant.

L'enfant posé comme sujet limite en effet mon pouvoir. Le reconnaître comme sujet extérieur à moi, c'est accepter qu'il s'impose à moi, qu'il s'oppose également à moi, qu'il altère ma façon de voir, ma façon d'être et d'exister.

Il n'y a pas de respect sans abandon de notre pouvoir sur l'autre.

L'enfant comme sujet inaliénable, ou les limites de notre pouvoir

Respecter l'enfant, c'est ne pas utiliser le besoin qu'il a d'être aimé, c'est ne pas pervertir en aliénation son besoin de reconnaissance, c'est ne pas transformer son affection en soumission.

Il faut une vigilance aiguisée pour restituer sans cesse à notre enfant sa liberté, son intégrité, alors qu'il est prêt à l'abdiquer pour être aimé de nous.

Gilles, trente-cinq ans, est le père d'Élise. Il vient de faire deux ans de prison pour attouchements sur deux petites filles, voisines et amies de sa fille, qui venaient jouer à la maison. Un jour, il tenta de caresser Élise, alors âgée de six ans ; mais il suspendit son geste, arrêté par le regard que lui adressa sa fille : « Tu n'as pas le droit, tu ne peux pas faire ça ! » cria-t-elle. Dans le regard de sa fille, peut-être plus encore que dans ses paroles, il se rendit compte de l'horreur de son geste, il prit conscience des limites que le corps de son enfant lui opposait.

Il s'est découvert dangereux.
Il a entendu sa fille et l'a reconnue dans sa souveraineté. Il a pu ainsi s'imposer des limites, ce qui lui était impossible auparavant.
Le travail psychologique qu'il effectua en prison l'aida à se percevoir tel qu'il est : « Je ne pourrais pas dire que je n'ai plus de pulsions, mais je sais qu'elles sont ignobles. »

Peut-être n'entendons-nous pas assez ce que nous dit le regard de l'enfant, son visage.

L'enfant sait dire à travers des signes, des gestes, des mots, quand les limites sont dépassées. Être parent, ce serait percevoir ces messages avant même qu'ils n'apparaissent.

Au sein de cette rencontre impulsée avec l'enfant, je dois pressentir cet instant infiniment subtil, ce frémissement de son être qui me fait mesurer le danger potentiel des limites dépassées, qu'elles soient psychologiques ou physiques, cette vulnérabilité à laquelle je l'expose sans cesse quand je ne sais pas mettre de frein à mon amour et quand nous ne prenons pas acte de nos incompétences.

Nous élevons nos enfants avec ce que nous sommes, avec notre mal-être, nos limites, nos angoisses, cela est inéluctable et fait partie du « jeu » éducatif. Ce n'est pas nécessairement en tant que tel un problème, les enfants peuvent se construire à partir de nos carences. Le risque survient quand nous ne mesurons pas suffisamment les conséquences de nos blessures sur nos enfants, quand nous ne voulons pas voir à quel point notre responsabilité est engagée dans leurs difficultés. Nous ne faisons pas suffisamment le lien entre leurs difficultés à s'endormir, leurs problèmes scolaires et nos propres souffrances. Par culpabilité, par peur d'affronter notre propre fragilité, nous avons du mal à prendre en compte notre implication. Et moins nous osons nous percevoir comme responsables, plus nous augmentons le malaise de notre enfant. Au contraire, oser voir nos incompétences, accepter nos limites, cela ouvre à nos enfants la possibilité de rebondir.

Être père, être mère, c'est peut-être avant tout tenter de devenir cet homme, cette femme pleinement responsable de son impuissance, pleinement conscient de sa vulnérabilité, de façon à préserver toujours notre enfant de nous-mêmes. Plus nous mesurons nos incompétences et nos limites, plus nous contrôlons le risque que nous représentons.

Passer le relais n'est pas nécessairement une démission

Bastien, quinze ans, est un adolescent dépressif. C'est sa mère qui l'a incité à consulter, parce qu'elle est inquiète pour lui. Il semble avoir assez facilement repris ce projet à son compte. Elle a senti plusieurs fois l'odeur du cannabis dans sa chambre, mais le dialogue est rompu entre eux depuis plusieurs années, elle ne parvient pas à lui en parler. Elle perçoit sa souffrance, mais ne sait pas comment l'aider. Alors qu'il évoque son manque d'assurance en lui, son peu de confiance en lui, la mauvaise image qu'il a de lui-même, je vois cet adolescent prendre place dans le fauteuil, prendre corps en lui, comme si le déroulement enfin possible de sa parole longtemps absente lui permettait de se réapproprier une partie de lui-même qu'il avait laissée inoccupée. Déjà, des ressources imperceptibles affleurent dans ce premier échange. Osera-t-il s'en saisir ?

Il a un potentiel évident, mais qu'est-ce qui fait qu'il a besoin de se disqualifier ? Qu'est-ce qui l'attache à sa souffrance ? Alors même que je vois son corps se transformer au fur et à mesure des séances, alors qu'il se renforce intérieurement, il ne cesse de revenir pendant de longs mois sur sa détresse, qu'il ne semble pas prêt à abandonner.

Il a toujours vu sa mère accaparée, absorbée par ce qu'il appelle au début avec pudeur la « maladie » de son père.

Son père est un homme triste qui ne s'est jamais occupé de ses enfants, avec lequel pratiquement aucun échange n'était possible. Alcoolique, il a fait plusieurs tentatives de suicide.

Sa mère l'a littéralement porté à bout de bras, ce qui l'a rendue absente de la relation à Bastien.

Bastien ne s'est jamais senti soutenu par le regard de sa mère, et encore moins par celui de son père. « Que je ramène de bonnes ou de mauvaises notes, ils s'en fichaient tous les deux ; je n'ai jamais entendu de compliments de leur part. »

Il a le sentiment de s'être construit à l'ombre de sa famille : « Je me suis fait tout seul. »

Pour avoir envie de vivre, un enfant doit pouvoir entendre des paroles qui donnent envie de vivre, Bastien ne les a pas entendues. Cette famille ne lui a pas donné envie de vivre, ne l'a pas ouvert sur l'extérieur non plus.

« Mes parents sont seuls, ils n'invitent jamais personne, ils ont une vie triste, ma mère a gâché sa vie avec cet homme-là. »

Et, en même temps, les liens qui le rattachent à sa famille sont faits, tout entiers, de cette détresse, de cette tristesse. C'est peut-être pour cela qu'il ne parvient pas, à son tour, à se défaire de sa souffrance et de son mal-être, c'est pour lui un moyen de rester attaché à ses parents souffrants ; il leur est solidaire. Pour ne pas trahir ses parents, il se trahit lui-même.

La mère de Bastien, comme la plupart des parents, sait qu'il faut pouvoir être présent à son enfant, mais comment faire quand on ne le peut pas ? Cette femme savait pertinemment les « erreurs » qu'elle faisait, ce qui ne l'a pas empêchée de les faire, parce qu'il lui était impossible d'agir autrement, tellement elle se trouvait prisonnière de ses propres souffrances.

Elle-même s'est laissé aspirer en dehors d'elle par le combat qu'elle mena pour sauver son mari d'un mal qu'elle parvint à contenir, mais à quel prix ! Pour maintenir le couple, pour ne pas laisser sombrer cet homme auquel elle était attachée, dont elle mesurait la profonde détresse, elle a en quelque sorte sacrifié une partie de sa vie. C'est aujourd'hui qu'elle mesure tout cela et voit à quel point elle n'a pas pu être disponible autant qu'il aurait fallu pour son fils. Elle-même souffre parce qu'elle n'a pas su ou pu faire autrement. Comment rester parents quand on se trouve accaparés par nos propres histoires, indisponibles à l'autre ?

Par rapport à Bastien, elle a perçu ses propres limites, elle a demandé de l'aide. Elle a permis en quelque sorte qu'un relais soit pris par un tiers, et c'est cela sa plus grande preuve d'amour envers Bastien. Elle permet que quelqu'un fasse ce qu'elle n'a pas pu faire avec son fils. Elle l'autorise à se libérer de son malaise, à se défaire de la nécessité d'avoir à rester triste comme ses parents ; elle lui ouvre d'autres horizons, d'autres modalités de liens.

Elle ouvre à Bastien une possible réparation ; et c'est en cela qu'elle le respecte profondément. Il ne lui reste qu'à gérer sa culpabilité d'être différent d'eux, qu'à se défaire de certaines loyautés vis-à-vis d'eux. Y parviendra-t-il ?

Les parents ne peuvent pas tout pour leurs enfants, et reconnaître cette impuissance est essentielle. Cette reconnaissance va servir à nos enfants de point d'appui à partir duquel ils pourront forger leurs ressources propres.

Voici encore une idée reçue qu'il faut revisiter : il ne faut pas chercher à être des parents compétents, mais des parents conscients de leur incompétence.

Exercice nº 13
Éveiller les ressources de notre enfant

1. En quoi vous considérez-vous comme incompétent actuellement, non pas au regard d'un modèle quelconque qu'il faudrait atteindre, mais de votre seul point de vue ?
2. En quoi cela constitue-t-il une entrave pour votre enfant ?
3. Et maintenant, efforcez-vous de voir le versant positif de vos incompétences : qu'est-ce que cela oblige votre enfant à développer, qu'est-ce qu'il est obligé de mobiliser comme ressource en lui ? Cela va-t-il lui être utile dans sa vie d'adulte ? Cela le prépare-t-il à affronter les difficultés et les déboires de la vie ?
4. L'aimer, c'est ne pas tout faire pour lui. Qu'est-ce que vous pourriez cesser de faire pour qu'il puisse davantage se passer de vous ?

Choisir de nouveaux outils éducatifs

Le doute, comme moteur du changement

Perrine a seize ans, c'est une belle jeune fille, et pourtant elle a déjà effectué deux tentatives de suicide. Je la rencontre au cours d'une expertise avec sa mère, Régine.

Régine a tout compris. Elle sait d'une certitude indélogeable pourquoi sa fille va mal. « Elle a été traumatisée parce qu'elle a vu son père nu et l'a surpris au lit avec sa maîtresse. Tout ira bien pour Perrine quand elle ne sera plus obligée de voir son père, et encore moins son amie. » Les certitudes de Régine ne laissent place à aucun dialogue véritable, elle est persuadée et de la cause de la souffrance de sa fille et de son remède.

Quand Perrine naît, ses deux parents sont ravis. Régine, « plus mère que femme », ne parvient pas à se faire accepter par sa belle-famille. « Ma belle-mère a toujours considéré que je n'étais pas la femme qu'il aurait fallu à son fils. » Elle décrit une vie de couple au sein de laquelle il y a peu d'échanges, mais en même temps paisible, tranquille, qui lui convenait.
L'absence de relations au sein du couple a surtout été mal vécue par Clément.
Il part une première fois quelques années après la naissance de Perrine ; puis revient. « Ma fille me manquait », dit-il.
La rupture définitive s'imposera à lui quand Perrine a douze ans. Régine dira : « Il nous a plantées là, je considère cela comme un abandon. »
À ce moment-là, la mère et la fille se rapprochent encore plus. Perrine devient la confidente de sa mère, elle est tenue informée des moindres détails du dossier du divorce. Mère et fille sont comme deux amies, première confusion de générations.
Pendant quelques mois, cette proximité cependant n'entrave pas les relations de Perrine et de son père lors des week-ends. Il faut dire qu'il vit seul à ce moment-là et il explique : « Quand on partait en vacances tous les deux, c'était la petite femme de la maison et, au pavillon, je lui avais installé un petit studio, pour elle toute seule, c'était la reine. » Seconde confusion des générations.
Dans l'année de ses quatorze ans, son père se met en ménage avec une jeune femme de vingt-quatre ans, mère d'une petite fille de deux ans. Au début, les relations entre l'amie de son père et Perrine sont plutôt cordiales : « Elles étaient très copines, elles étaient très proches en âge, explique le père, elles s'entendaient bien, étaient complices. »
Perrine passa comme à l'accoutumée une partie de ses vacances avec son père. C'est à ce moment-là qu'elle le surprit au lit avec son amie.
Elle fit sa première tentative de suicide, pendant la deuxième période de vacances, quand elle se trouva avec sa mère chez ses grands-parents maternels.

Bien sûr, la scène qu'a surprise Perrine constitue un élément important, mais ce n'est pas le seul.

Les événements, en tant que tels, prennent pour chacun de nous des colorations émotionnelles différentes. Cette charge affective ne dépend pas nécessairement de la portée objectivement traumatique de l'événement, mais de la manière dont l'enfant l'intériorise.

Ce n'est pas seulement ce qu'a vu Perrine qui l'a troublée, mais c'est davantage ce que cette scène représente pour elle.

Pendant de longs mois, la place que prit Perrine à côté de son père put lui faire croire qu'elle formait fantasmatiquement un couple avec lui, qu'elle était le centre de la vie de son père, à un âge où les conflits œdipiens sont réactivés. Elle a pu, inconsciemment, se sentir privée de cette place privilégiée quand son père connut son amie, elle a peut-être ressenti cela comme une perte d'amour intolérable. « Est-ce que je compte encore pour mon père ? Il est devenu indifférent ; je ne ressens plus son amour ; et il a fallu que je partage mon studio avec la fille de sa copine. Quelle place j'ai maintenant auprès de lui ? »

Renvoyée à sa place d'enfant, brutalement, sans préalable, par ses deux parents, alors qu'elle ne l'avait jamais vraiment tenue, elle ne sait plus de qui elle est la fille, parce qu'elle ne sait pas exactement ce que c'est qu'être enfant.

On pourrait se demander aussi pourquoi sa tentative de suicide se passa chez sa grand-mère maternelle.

En parlant d'elle, Perrine met en avant la filiation évidente qu'il y a entre sa mère et sa grand-mère. « Ma mère et ma grand-mère se sont beaucoup occupées de moi, elles se ressemblent beaucoup, telle mère, telle fille, disent-elles souvent. »

S'est-elle sentie coupable d'avoir autant aimé son père à un moment donné, a-t-elle eu le sentiment qu'elle avait trahi sa mère, que toute filiation avec sa mère était devenue désormais impossible, la renvoyant à une solitude insupportable ? Comme si ses deux racines se trouvaient sciées au même moment.

Quoi qu'il en soit, c'est une adolescente qui a du mal à gérer le « trop près », et le « trop loin » avec ses parents. À quel moment se situe sa seconde tentative de suicide ? Les visites de Perrine chez son père ont été suspendues. Aux vacances de Pâques, elle part chez sa grand-mère maternelle. De nouveau, elle fait une tentative de suicide avec les médicaments de sa grand-mère.

Sa mère a là aussi une explication quasi définitive : « Son père vient d'entamer une procédure pour faire valoir ses droits de visite, il ne peut pas nous laisser tranquilles ; ça a réveillé son traumatisme. »

Peu à peu, j'apprendrai que cette année aura été particulièrement éprouvante pour cette adolescente. Alors qu'elle réussissait plutôt bien au collège, elle commença à chuter, elle sortait moins avec ses copines. Régine, de son côté, fit la connaissance d'un homme, et elle passa de plus en plus de week-ends en dehors de la maison.

On pourrait être tenté de conclure que cette adolescente ne supporte pas que ses parents refassent leur vie. Mais les choses sont plus complexes que cela.

Le fait qu'ils refassent leur vie constitue pour elle une perte affective, certes, mais qu'est-ce qui fait qu'elle ne parvient pas à assumer cela ? On pourrait faire l'hypothèse que ce qui la fragilise particulièrement, c'est une certaine perte identitaire : son père l'avait mise dans une position fictive de « petite femme, ou de petite princesse », et sa mère l'avait mise dans une position fictive de complice, d'amie, annulant l'un et l'autre les différences générationnelles en faisant de leur fille quelqu'un de leur génération. De par leur propre détresse à un moment donné, ils lui avaient laissé croire que sa vie prenait un certain sens pour eux. Ils lui retirent, d'un coup, ce qui lui avait servi jusqu'à présent d'assise existentielle.

Elle se trouve interrogée dans les fondements de son identité féminine : les règles ont du mal à s'instaurer, elle oscille entre le « trop » manger et le « pas assez » ; elle traverse des moments de boulimie et des moments de régime sévère.

Perrine perd ainsi la fonction illusoire qui la faisait exister auprès de ses parents. Elle s'aperçoit inconsciemment que les fondements de son existence auprès de ses parents étaient fictifs ; elle a à reconstruire son désir de vie au plus près de sa réalité propre, en prenant appui sur la découverte de la richesse de son être.

Sans doute, d'autres hypothèses pourraient être évoquées, d'autres questions pourraient faire surgir de nouvelles perspectives, mais Régine verrouille tout. Elle se ferme à toute autre manière de voir que la sienne, elle n'entend rien de qui que ce soit, elle reste repliée sur sa seule certitude.

Plus Régine reste convaincue de son explication, moins elle soulage la souffrance de sa fille. Elle n'envisage aucune aide thérapeutique puisque, pour elle, le seul problème de sa fille, c'est l'existence du père, et elle considère que tout se réglera sur le plan juridique. Elle ne s'interroge pas sur ce qui peut fragiliser chez sa fille le désir de vivre, sur son éventuelle responsabilité personnelle, sur ce qu'elle pourrait faire, elle, pour l'aider ; tout est la faute de l'autre.

La force de cette conviction aboutit à un déni de la détresse de sa fille : « Elle va très bien quand elle est avec moi, quand on n'entend pas parler de son père » ; ce qui est une façon d'accroître encore plus son mal-être.

Sortir de nos certitudes, c'est oser voir nos erreurs ; c'est reconnaître nos responsabilités. C'est accepter de ne pas être bons pour devenir meilleurs.

Un parent qui doute de lui a déjà fait la moitié du chemin, il est prêt à changer. Le doute est l'expression d'une ouverture, donc d'une possibilité de changement.

Souvent, les parents sont gênés par le fait même de douter, ils ont l'impression que c'est un signe de faiblesse, ils se sentent dévalorisés, voire culpabilisés par le fait d'hésiter, de n'être pas sûrs d'eux ; là encore, contrairement aux idées reçues, le doute est le signe d'une sensibilité à l'autre, d'une capacité d'ouverture. Il s'agit d'un outil précieux dans la relation.

> « Mon fils fait pipi au lit, il est anxieux. Est-ce que j'ai été assez attentive ? J'ai beaucoup travaillé quand il était petit, je n'ai pas été disponible. Des fois, je doute de moi. »
> « J'ai toujours cru que j'avais fait ce qu'il fallait, or Benjamin n'est pas bien dans sa peau. Je me remets en cause, qu'est-ce que j'ai pu faire de mal, suis-je une mauvaise mère ? Comment faire maintenant ? »

Nous ne pouvons pas ne pas nous tromper, nous ne pouvons pas toujours éviter les souffrances de notre enfant, mais il est nécessaire d'en prendre la mesure.

« Si tu ne connais pas ton chemin, ne le demande pas à quelqu'un qui le connaît, sinon tu ne pourras pas t'égarer[1]. » Quoi qu'on fasse, l'éducation ne peut éviter les errances, les égarements. Ce ne sont pas les erreurs qui sont graves en tant que telles, c'est de s'y enfermer et ne pas se donner les moyens d'en sortir.

Pour autant qu'il soit inconfortable, le doute est le signe que nous sommes capables de nous laisser toucher par un autre questionnement que le nôtre. Quand il est paralysant, c'est que nous ne sommes pas allés jusqu'au bout de nos doutes, c'est qu'il faut encore amplifier le questionnement.

Victor Hugo disait d'un de ses héros : « Le doute, c'est sa puissance, et c'est sa punition. »

Douter, en fait, c'est accepter la brèche que l'autre fait

1. Commentaire talmudique.

dans ma perception, c'est la césure que l'autre introduit dans ma vision étriquée, repliée sur elle-même. Le doute, c'est être capable de croiser le regard de l'autre ; c'est être capable de recevoir, d'accueillir, de se laisser toucher par la parole de l'autre. Accepter l'idée de douter, c'est prendre le risque de se laisser façonner par la vie, par les autres.

Le doute, ce n'est ni le flou, ni l'aventure hasardeuse, mais l'exercice d'une pensée en acte, en mouvement.

Descartes l'avait validé comme une véritable méthode. Son objectif était de fonder une science rigoureuse. Il commença par faire table rase de tout ce qu'il savait, et il buta sur une certitude irréductible, je doute, c'est que je pense, et il affirme « Je pense donc je suis », il bute sur la réalité de sa subjectivité propre. Il faut passer par là pour éprouver la certitude de notre existence.

En tant que parents, il faut supporter les incertitudes pour percevoir avec certitude que notre enfant est extérieur à nous et que cette différence fonde sa liberté. Face à un enfant, nous ne pouvons pas ne pas éprouver de doutes, ils sont inhérents à cette relation, car nul ne sait, nul ne peut savoir comment un enfant va recevoir, percevoir, intégrer, transformer ce qu'il reçoit de ses parents. En tant que parents, nous sommes confrontés à l'inconnu de notre enfant, et c'est troublant. Mais c'est à sa liberté que nos doutes nous conduisent. Ils sont peut-être le signe du respect que nous devons à nos enfants, la reconnaissance des limites à respecter. D'un côté, nous sommes préoccupés de donner à nos enfants les meilleures chances, mais d'un autre il nous est impossible de savoir comment l'enfant réagira et intégrera les conduites que nous adoptons.

Entre lui et nous, il y a sa liberté, sa singularité, qui nous exposent à une énigme insaisissable. Entre lui et nous, il y a le champ infini d'une ignorance inéluctable.

Alors, faut-il renoncer à notre besoin de tout connaître de notre enfant ?

« Dès que mon fils rentre de l'école, je sais comment il a passé la journée. Je le connais tellement bien que je devine tout de lui. »

« Je suis très complice avec ma fille Élise, elle me raconte toutes ses aventures avec ses petits copains, on se comprend très bien toutes les deux. »

Bien entendu, ces situations sont agréables pour les parents, et essentielles pour les enfants, mais elles ne doivent pas être univoques.

L'enfant a besoin de ne pas tout partager avec ses parents, il a besoin de préserver une certaine intimité avec lui-même, il faut qu'il puisse nous échapper pour constituer son « jardin secret. »

Encore une fois, il est délicat de se contenter du « sens unique » de la relation. Élever notre enfant, ce n'est pas seulement chercher à savoir ce qu'il est, mais lui permettre d'advenir à ce qu'il n'est pas encore, éveiller ce qui dort en lui, qui le constitue comme irréductiblement différent de nous, mais plus encore différent de ce que l'on croit qu'il est. Ce n'est pas ce que nous connaissons de notre enfant qui est important, c'est tout ce que nous ne pouvons encore connaître. L'inconnu, c'est l'ouverture ; le savoir peut constituer un enfermement.

Il est riche d'un potentiel insoupçonné, c'est cela qu'il faut lui permettre de mettre en œuvre, de vivre et d'agir. Il faut supporter que cela nous surprenne. Ainsi, élever son enfant consisterait moins à chercher à le connaître qu'à faire advenir ce qui est en sommeil en lui.

Toute connaissance comporte aussi une certaine forme d'emprise sur l'autre, peut-être une volonté implicite de maîtrise de l'autre.

« Ap-prendre, disait Lévinas, comporte toujours un prendre. La chose sue perd de son altérité. » Le savoir est peut-être une tentative pour effacer la différence.

Ce n'est pas le savoir qui légitime désormais notre rôle parental, c'est peut-être davantage notre capacité à supporter l'inquiétude de l'ignoré.

Renoncer à notre besoin de tout connaître de notre enfant permet de préserver une certaine distance. Accepter qu'il nous échappe quand il est à la crèche, à l'école, chez son père, c'est le reconnaître comme sujet singulier.

Le respect de notre enfant s'institue dans le droit que nous lui reconnaissons d'échapper à notre besoin de tout comprendre de lui.

EXERCICE N° 14
RENONCER À NOTRE BESOIN DE TOUT CONNAÎTRE DE NOTRE ENFANT

---

1. Pendant les absences de votre enfant, que ce soit lorsqu'il est à la crèche, à l'école, en week-end chez son père, en colonie de vacances, chez des amis, comment vivez-vous ces moments ?
2. Pendant qu'il n'est pas là, quelles questions vous posez-vous sur lui ?
3. Quand il revient, quelles questions lui posez-vous ?
4. Comment supportez-vous de ne pas « tout savoir » de ce qu'il a vécu en dehors de vous ?
5. Avez-vous l'impression que l'intérêt que vous lui portez est ressenti par lui comme « trop » ou « pas assez » ?
6. Que faudra-t-il changer de vos habitudes, quand il grandira, pour respecter son besoin de mystère ?
7. Comment allez-vous vous y prendre pour renoncer à ce besoin d'en savoir autant sur votre enfant ?

Rien ne sert de tout comprendre

Pauvre comme Job[1]. Qui ne connaît cette expression ?

C'était il y a fort longtemps. Job était un homme sage, comblé par Dieu : père de sept garçons et de trois filles. C'était un riche propriétaire, reconnu comme un homme intègre par ses pairs, et apprécié de tous. Pour lui, tout allait donc pour le mieux dans le meilleur des mondes. Jusqu'au jour où…

Autre lieu, autre ambiance. Le ciel est tout agité du désordre de Satan, qui vient de rendre visite à Dieu, il veut lui prouver la malveillance des humains, leur esprit pervers. Dieu, pour défendre le fruit de sa création, est amené à citer Job en exemple. Fier de lui, d'une manière un peu ostentatoire il nargue Satan. « As-tu observé mon fidèle serviteur ? Il n'a pas son pareil sur terre. »

Satan, trop heureux de sauter sur l'occasion offerte par Dieu, réplique : « Est-ce donc gratuitement que Job craint Dieu ? »

En quelques secondes, le sort de ce pauvre homme va être scellé. Dieu livre au diable son sujet préféré : « Tout ce qu'il a est entre tes mains, mais n'attente pas à sa personne. »

Premier acte d'un long drame.

En un seul jour, Job perd son troupeau, ses esclaves, sa maison, ses dix enfants.

Terrassé, il entre en deuil, sans se révolter, fataliste, résignation presque insupportable : « L'Éternel a donné, l'Éternel a repris. Nu je suis sorti du ventre de ma mère, nu j'y retournerai. »

Dieu est comblé et se rengorge auprès de Satan : « Tu vois, je te l'avais bien dit, Job est un véritable juste, il continue à prier. » Satan n'est pas encore convaincu, il demeure incrédule et continue dans sa volonté de dénigrer les hommes. « Peau pour peau, dit-il à Dieu, tu ver-

1. Livre de Job, Ancien Testament, et Elie WIESEL et Josy EISENBERG, *Job ou Dieu dans la tempête*, Fayard, Paris, 1986.

ras, si tu touches à sa personne, tu verras s'il continue à te respecter. »

Deuxième acte.
Dieu se laisse prendre dans cette escalade, il persiste et signe. « Le voici dans ta main, mais préserve sa vie. » En quelques secondes, Job se trouve recouvert d'ulcères, blessé désormais dans son corps comme dans son cœur. Il ne trouve ni repos physique, ni repos moral.
Il entre dans un silence profond, qu'il ne rompra pas, malgré la visite de ses amis, qui prirent le deuil avec lui. Silence, on souffre, personne ne parle. Et c'est peut-être à cet instant précis que ses amis ont eu la réaction la plus juste avec lui. Car ne pas blesser un homme qui souffre, une femme meurtrie, c'est peut-être déjà laisser à sa douleur le temps de se lover là, de se déployer à l'ombre des mots, de prendre corps avant qu'elle ne puisse être dite. Enfin, au bout de sept jours et de sept nuits, Job déchire le silence et parle longuement.
Il commence par se parler à lui-même dans un très long monologue poignant et émouvant ; à la fois réflexion philosophique et véritable poème symphonique du désespoir, bruissement et frémissement de l'indicible détresse de l'homme blessé. « Maudit soit le jour où je suis né, je n'aspire qu'à mourir. » Il fait l'apologie de la mort, il voudrait ne jamais avoir existé, il aspire au néant total. Dieu n'a pas lésiné, il a volé à Job le rêve de l'espérance, son désir de vivre. Y a-t-il pire trahison ?
Et puis, dans la deuxième partie de son discours, Job s'adresse à Dieu, du fond de sa désespérance. Il commence alors à exprimer une demande, véritable supplique, ombre tragique d'un désir. Il dit littéralement à Dieu : « Ton œil est sur moi, tu m'as enfermé de tous les côtés, et je n'existe plus. Ne t'intéresse plus à moi, de l'air. » Il se sent observé, cerné, étudié, scruté de toutes parts. Il n'y a pas de pire amour que celui qui veut pénétrer le mystère de l'autre, qui veut sonder les sentiments de l'être cher et aimé.
À ce moment-là, ses amis interviennent. Et nous assistons

à un véritable dialogue de sourds. En bons copains, pourrait-on dire, ceux-ci introduisent la notion de faute, et lui disent en substance : cherche bien, si Dieu t'a puni, c'est sans doute que tu as fauté…
Job vient de faire l'expérience de la solitude extrême, insoutenable : il a interrogé Dieu, qui ne répond pas, il a interpellé ses amis, qui répondent à côté, il ne sait plus où il en est de lui-même. Perdu, sans repères, tout s'effondre en lui et autour de lui.
Et, dans la confusion la plus totale, il bute sur quelque chose qui lui apparaît comme irréductible en lui : sa capacité à questionner ; c'est quelque chose qui vient de loin, du plus profond de lui. Alors qu'il a tout perdu, qu'il est dépossédé de tout, il se ressaisit autour de sa capacité à poser des questions ; comme si exister, c'était déjà interroger. La question est jaillissement de la vie, elle est émergence de la parole du sujet. Si nous voulions parodier Descartes, nous pourrions dire « J'interroge, donc je suis », le questionnement est tension vers, esquisse d'un mouvement, recherche d'une extériorité.
Ainsi, Job prend appui sur cette force qu'il trouve en lui, sur cette liberté intérieure dont il vient d'avoir l'intuition, et il commence à se redresser, à se mettre en mouvement. Cette mobilité s'étaye sur sa capacité à exprimer les questions qui l'habitent.
Fort de cela, il interpelle Dieu de plus belle et lui demande des comptes. « Pourquoi, pourquoi ? Justifie ton injustice. Ma souffrance, pourquoi ? »

Troisième acte.
Là, coup de théâtre dans le récit biblique : Dieu, habituellement peu bavard, répond.
Il répond oui, mais de quoi est faite la réponse de Dieu ? D'une non-réponse. Dieu parle, oui, mais il n'apporte pas de réponse.
En substance, Dieu lui dit : j'ai entendu ta souffrance, et je voudrais bien te répondre, mais je ne sais pas quoi te dire. Crois-moi si tu veux, mais moi qui suis le créateur de

toutes choses, je suis incapable de te dire pourquoi j'ai fait cela, je suis omniscient, omnipotent, et pourtant je ne puis en rien expliquer mon geste. Je ne sais pas.
Tout se passe comme si la question du mal, de la souffrance, de la violence ne pouvait être justifiée. Aucune blessure faite à l'autre ne peut se justifier, ne peut être légitimée, ne peut s'expliquer ; elle peut être réparée quand elle est repérée comme erreur.
Et là, chose étrange, l'angoisse de Job retombe. Il se montre rassuré, presque serein. Dieu parle mais il ne répond pas, et pourtant il y a rencontre.
Tous les deux échangent, plaisantent, et, de nouveau, Dieu comble Job de mille bienfaits, et ce dernier vivra heureux de nombreuses années.

Que s'est-il passé ?

Dieu a libéré Job de la recherche d'une explication, d'une justification, et du coup le temps du renouveau devient possible.

Il a libéré Job de l'obsession du pourquoi. Il n'y a rien à comprendre parce que le mal est incompréhensible. Et plus on cherche une explication, moins on se donne de chance de sortir de notre position de victime.

« Je n'ai rien vu venir de la rupture. Et je voudrais comprendre », dit cette femme meurtrie.

« Tout allait bien dans le couple, je ne comprends pas pourquoi elle est partie, j'attends toujours des explications de son départ », dit cet homme qui n'arrive pas à faire de projets. La recherche d'explication est une forme de repli sur le passé ; tant qu'on y reste prisonnier, on ne peut pas ouvrir d'autres portes.

C'est ce que j'observe fréquemment dans les divorces. Très souvent, l'un des deux conjoints ne comprend pas et continue à demander des comptes à l'autre, des justifications de la trahison, et cela l'enchaîne au passé.

La recherche de compréhension fige, sclérose à l'endroit de la blessure et n'ouvre pas à un possible renouveau, à une possible réparation.

Pour nous rassurer, nous pensons bien faire en cherchant une cause, mais quand bien même nous pensons avoir compris, est-ce libérateur ?

Heidegger disait : « Quand on a tout compris, il ne nous reste plus qu'à mourir. »

Combien de parents pensent avoir compris quelque chose de leurs enfants, et pourtant rien ne bouge, rien ne se transforme. Être attentifs à notre enfant, ce n'est pas chercher à disséquer ses comportements, à les analyser, à les interpréter en se mettant soi-même en auto-observation. Il s'agit plutôt de se laisser affecter par lui, en passant du raisonnement à la résonance de nos sens. Renoncer à chercher du sens, mais nous ouvrir à ce que nous disent nos sens : entendre, sentir, voir, se laisser toucher, goûter. Tout se livre au sein de nos gestes et de nos échanges quotidiens, il suffit seulement de rester ouverts à ce que nous ne voyons plus à force d'être familier. Notre enfant nous envoie des messages et de son malaise et de ce qui le rassure ; laissons-nous guider par notre sensibilité, par nos sens. Tout ne peut se régler sur le plan intellectuel, de manière rationnelle, et il est important de rester aussi à l'écoute de nos sens.

Toute la difficulté consiste à tenir debout dans la tension paradoxale : à la fois être suffisamment attentifs à notre enfant pour percevoir les signes de ses émotions, et considérer que nous ne comprenons rien de lui, ce qui est une façon d'accepter qu'il nous surprenne.

Entre l'intérêt qu'on lui porte et le respect de son énigme, les limites sont difficiles à établir, mais elles sont indispensables.

Exercice n° 15
Redécouvrir son enfant

1. Essayez de tout oublier de ce que vous croyez savoir de votre enfant. Faites l'effort d'accepter l'idée que vous ne comprenez pas grand-chose de lui.

I. Laissez-vous imprégner de l'idée que votre enfant est un étranger pour vous, une terre inconnue. Pour l'instant, ne faites rien d'autre que de vous convaincre de cela.

2. À la prochaine rencontre avec lui, à la sortie de l'école, au cours du repas, regardez-le comme si vous le découvriez pour la première fois. Qu'est-ce que vous ressentez de ce qu'il ressent ? Que percevez-vous de lui ? Qu'est-ce qui vous touche particulièrement ?
3. Quelles émotions émergent en vous ?

L'imagination au pouvoir !

Sacha est un bébé de huit mois. Il vomit après chaque biberon. Plusieurs courts séjours en milieu hospitalier ont montré que ces régurgitations ne relevaient pas d'un problème organique : elles cessent quand les infirmières le nourrissent. Sacha parvient même à jouer à l'hôpital, alors que c'est un bébé plutôt atone avec ses parents.

Son père et sa mère ont un discours très calqué l'un sur l'autre. Hervé explique que Sacha n'était pas « tout à fait prévu au programme », mais qu'il ne voulait pas imposer à sa femme la décision d'une IVG. Edwige renchérit : « Compte tenu de mon âge, je me suis dit que c'était raisonnable d'avoir un deuxième enfant à ce moment-là. » Rapidement, ils parlent avec emphase de Gwenaëlle : « Nous n'avons jamais eu de difficultés avec elle, elle nous comble. »

Alors même que Sacha est dans les bras de sa mère, elle ne parle que de sa sœur aînée. Alors même que ses parents

sont venus consulter pour Sacha, leur discours est consacré au bonheur que leur donne leur fille.
Quand je leur demande de préciser un certain nombre de choses concernant Sacha, la connotation affective est d'emblée négative, le ton n'est pas le même, plutôt agacé : « Il est très lent pour manger, il est difficile, et pourtant je suis exactement les indications du médecin. »
Sans doute culpabilisée de ne pouvoir apaiser son enfant, cette mère en fait beaucoup pour le nourrir.
Mais tout plaisir est absent, elle a un comportement strictement « opératoire » avec Sacha, elle répond à son besoin physiologique, mais pas à son besoin fantasmatique. Elle reste dans le domaine du raisonnable, du raisonné. Le plaisir d'être avec est absent de la relation, ce qui est d'autant plus violent pour Sacha que ce plaisir est flagrant avec sa sœur.

Sacha n'est pas rêvé par ses parents, il n'est pas porté par leur rêverie, il n'est le support d'aucun projet, et du coup il se perçoit comme une gêne pour ses parents.

Ni Edwige, ni Hervé n'attendent vraiment quelque chose de lui, ainsi ce qu'il fait est reçu sans plaisir.

Au cours des premiers jours de sa vie, un enfant a besoin d'être porté par des bras qui le soutiennent, le protègent sans l'étouffer, de telle façon qu'il se sente être quelqu'un qui « vaut la peine » d'être porté et transporté dans le monde des adultes.

Cet intérêt « porté » à l'enfant l'aide à grandir. Et quand il n'a plus besoin des bras de ses parents, le soutien se transforme : sur un plan métaphorique, il a besoin d'être « porté », « contenu » par les désirs de ses parents, traversé par les rêves de ses parents pour lui.

Le rêve anticipe la réalité, et quand nous sommes parents, il nous faut sans cesse anticiper pour notre enfant. C'est de ce rêve qu'il pourra advenir à tout ce qu'il n'est pas encore, et que son potentiel pourra se réaliser.

« Le rêve n'est pas une fuite hors du monde, mais il prépare notre rapport à la réalité... Il est le moteur de l'histoire comme capacité à l'inventer[1]. »

Le rêve est le moyen de transformer la réalité qui s'impose et la possibilité de la voir autrement.

Grâce au rêve, nos existences peuvent être sans cesse inventées et réinventées.

L'imagination, c'est la pensée de l'infini. Elle met en image, elle est la scène intérieure du rêve ; elle prépare sa mise en œuvre.

Par l'imaginaire, on peut transformer l'inquiétude en projets, l'angoisse en ouvertures. Elle est ce lieu qui transfigure le pesant de la réalité. Face à des contraintes extérieures lourdes, l'imagination permet d'ouvrir les portes à des perspectives infinies. Grâce à la puissance active de l'imagination, nous pouvons sans cesse inventer de nouvelles attitudes.

Plus nous attendons du « bon » de notre enfant, plus il y répondra. Plus nous rêvons notre enfant, plus il se sentira valorisé. En imaginant le meilleur de notre enfant, nous pouvons lui donner des chances de le réaliser.

Estelle n'en peut plus, son fils, huit ans, n'obéit pas, il est insolent, il a sans cesse des avertissements de la part de son école et se fait rejeter de tout le monde. Au début, elle pensait que ses difficultés s'enracinaient dans sa situation familiale particulière : il avait été adopté à l'âge de trois mois, et ses parents adoptifs ont divorcé quand il a eu quatre ans. Elle s'est remariée un peu plus tard et eut deux enfants avec son deuxième mari. Bien entendu, cela n'aida sans doute pas Emmanuel à s'inscrire dans son identité propre. Mais, dès le premier entretien que j'eus avec cette mère, il était clair qu'elle ne mettait en évidence que les

1. François ROUSTANG, *Qu'est-ce que l'hypnose ?*, Minuit, Paris, 1994

mauvais côtés de son enfant, elle égrenait un véritable chapelet de défauts. Tout était tellement négatif que cet enfant était renforcé dans le sentiment de ne pouvoir être aimé. Il avait besoin de consolider son image de soi, et l'attitude de sa mère, qui n'attendait de lui aucun changement positif, le confortait dans une position d'enfant rejeté. Comment casser cette escalade destructrice pour l'enfant et la mère ? Il fallait petit à petit permettre à Emmanuel d'imaginer ce qui était bon en lui, pour qu'il puisse se voir autrement que sa mère le voyait. Il fallut aussi qu'Estelle imagine son fils d'une autre manière, qu'elle puisse éveiller en lui autre chose que ce qui s'était donné à voir jusqu'à présent.

L'imagination permet de considérer que rien n'est jamais tout à fait figé et que les évolutions sont toujours possibles.

Le propre de la créativité, c'est qu'elle surprend, elle surgit d'un lieu qui échappe à toute maîtrise, à tout effet de volonté.

EXERCICE N° 16
ENTENDRE CE QUI EST BON CHEZ NOTRE ENFANT

Plus ça va mal avec votre enfant, plus il vous faut chercher ce qui va bien, ce qui est bon en lui.

1. Pour faire cet exercice, isolez-vous, mettez-vous dans votre chambre ou dans un endroit où vous vous sentez bien. Si vous savez vous relaxer, relaxez-vous, sinon essayez de vous centrer sur votre respiration, de vous laisser porter par son rythme ; posez tout, mettez vos soucis dans une valise que vous posez à côté de vous, ne vous inquiétez pas, ils ne vous

lâcheront pas longtemps, mais au moins le temps de l'exercice, et jouez à ressentir un peu de paix et de tranquillité au fond de vous.
Quand vous avez une pensée désagréable qui vous dérange, laissez-la passer comme un nuage dans un ciel d'été.
Laissez-vous bercer par quelque chose de doux qui existe en vous, oubliez toutes les contraintes, tout ce que vous avez à faire, jouez à être libre en vous.
Et respirez, vous n'avez que cela à faire.

2. Quand vous vous sentez bien, laissez venir à vous l'image de votre enfant ; n'évoquez que les choses qui vous font plaisir, qui font naître le sourire sur vos lèvres, celles qui vous confortent et vous rassurent. Laissez-vous tout entier imprégner de ces images et de ces sensations positives et apaisantes. À chaque fois qu'une évocation de votre enfant vous tourmente, ne la retenez pas, laissez-la filer comme le nuage ; et revenez au bon de votre enfant.
3. Refaites cet exercice plusieurs fois, et notamment quand tout va mal avec votre enfant. Vous aussi vous avez le droit de jouer et de respirer.

Accueillir l'imprévisible de notre enfant

Tel enfant avait fait une scolarité médiocre, il a cependant réussi des études supérieures brillantes. Telle fillette très sage est devenue une femme caractérielle. Tel jeune infernal, voire tyrannique, avec ses parents est devenu un adulte indépendant, et depuis qu'il vit dans son studio, n'est plus du tout en conflit avec eux ; il revient chaque semaine dîner en famille et passe des soirées calmes, il prend plaisir à faire travailler son petit frère, avec lequel il y avait eu des bagarres mémorables. Telle jeune femme, pourtant jusque-là proche de ses parents, refuse désormais de les voir depuis qu'elle vit en couple. Cet enfant de seize ans avait été la terreur des différents collèges dans lesquels il était passé, et désormais, il est fier d'annoncer qu'il n'a eu aucun avertissement de toute son année de seconde.

Nous nous rendons bien compte, au terme de ce parcours, que l'éducation de notre enfant est une aventure à laquelle nous pouvons nous préparer, bien sûr, mais dont l'issue demeure toujours imprévisible. Quoi qu'on fasse, nous ne connaîtrons pas les mystères de l'alchimie qui fait de notre enfant ce qu'il est et ce qu'il peut devenir.

L'aimer, c'est parvenir à accepter ce qu'il n'est pas, et accepter de se laisser surprendre par ce qu'il devient. Notre enfant se constitue au croisement de tant d'influences (école, amis, médias) que nous ne pouvons jamais prévoir comment il les transformera et où elles le conduiront. Chaque nouvelle rencontre, chaque événement peuvent mobiliser un potentiel en sommeil, c'est à cela qu'il faut le préparer, le reste ne nous appartient pas. Si nous avons appris à nos enfants que l'ouverture aux autres, au monde et à la vie est source de renouveau, nous pouvons estimer avoir fait l'essentiel de l'éducation.

> Cyrille et Maxime ont un an et demi d'écart, ils ont toujours été jaloux l'un de l'autre, une rivalité particulièrement virulente les opposait et rendait les relations familiales insupportables, alors même que les parents agissaient et réagissaient avec beaucoup de finesse et de doigté pour calmer les choses. Au début de leur adolescence, leur père tombe gravement malade. Ils se rapprochent alors, deviennent solidaires face à cette situation pénible, finissent par se découvrir des points communs et par partager un certain nombre de choses.

Dans la situation suivante, Cécile a vu et entendu les pires choses pendant sa petite enfance, elle a assisté à des scènes de violence, avec intervention de la police. Ses parents, particulièrement instables et vivant dans une situation précaire, l'ont confiée à sa grand-mère maternelle, qui en eut la garde. Malgré cela, c'est une préadolescente étonnante, elle parle avec justesse de ce qu'elle a vécu ; la présence rassurante de sa grand-mère encore jeune lui sert d'assise pour rebondir. Elle travaille bien à l'école et montre une ferme volonté pour s'en sortir. Ses parents, un peu apaisés par cette situation, viennent la voir régulièrement.

Les enfants ont des ressources propres qui ne permettent jamais de savoir comment ils vont évoluer. Ils développent tous, chacun à sa manière, des mécanismes de défense pour se protéger des épreuves subies. Ils sont tous capables, à des degrés divers, de résister à la souffrance. Ainsi, nous ne pouvons jamais prévoir les conséquences que telle ou telle situation aura sur eux.

Si nos enfants peuvent être fragilisés par nos erreurs, nos défaillances, en même temps, les moments positifs de la relation sont également capitalisés. Les enfants se souviennent aussi de ce qui fut structurant, rassurant dans l'échange avec leurs parents, et ces acquis-là peuvent servir à tout instant de points d'appui. La confiance vécue à un moment reste toujours engrangée et peut venir à la rescousse dans les épreuves, permettant ainsi de retisser les liens et de les reconstruire.

Michèle et René furent des parents ouverts, présents, respectant les distances, ils ne purent cependant pas empêcher leur fille, Cécile, de fumer du cannabis toute son année de première. Discussion après discussion, la relation pouvant bénéficier du bon étayage antérieur, d'une confiance solide établie préalablement, elle accepta l'idée de changer de lycée et finit par abandonner cette habitude.

Ce père et cette mère, profondément touchés par leur fille, ont pris toute la mesure de leurs responsabilités, c'est-à-dire que chacun a admis que Cécile s'était construite à partir de l'anxiété de l'un et des tendances dépressives de l'autre. Ils n'ont pas cherché à accuser l'autre parent et à lui faire endosser la seule responsabilité. Mais, en même temps, ils ne se sont pas laissé entamer par une culpabilité stérile. Ils ne se sont pas laissé détruire par cet épisode, ce qui a permis de ne pas dramatiser et de maintenir ainsi un dialogue constructif avec leur fille. Chaque parent, pleinement présent à lui-même, c'est- à-dire pleinement conscient de ses fragilités, et les assumant, a permis de préserver les liens.

Quelquefois, quand on est parents, on peut avoir l'impression d'être comme des culbutos, ces jouets qui amusent les bébés. Ce sont des personnages qui oscillent de droite et de gauche, qui se laissent entraîner dans un certain mouvement mais reviennent toujours en leur centre de gravité, particulièrement lourd et pesant. Ce centre oppose aux balancements une force de résistance qui garantit la stabilité. Le bébé peut le malmener, le culbuto reviendra inéluctablement à sa place, il résistera et restera debout.

Les parents aussi sont entraînés dans le mouvement imprévisible de l'évolution de leurs enfants, et ils ont à se construire un centre de gravité suffisamment fort pour à la fois pouvoir épouser les oscillations de l'éducation et revenir à leur force intérieure, véritable pivot de la relation, véritable pilier du lien.

Cela se constitue dans une synergie incessante, où l'enfant qui grandit pousse le parent à renforcer son « soi », dans un périple laborieux. Un « soi » qui se nourrit de l'autre et non un « moi » replié sur lui-même. Un « soi » ni maître ni esclave, sans complaisance ni autosatisfaction, mais un soi pleinement présent à lui-même, inscrit dans sa souffrance, c'est-à-dire dans ses limites, et en même temps dans sa joie, c'est-à-dire dans sa capacité à dépasser ses limites. Tout se passe comme si, paradoxalement, la meilleure façon de respecter notre enfant était de se forger son estime de soi. « Le fond du mal, disait Ricœur, est la destruction de l'estime de soi. Le souci de l'autre ne signifie rien sans un « soi » capable d'y porter attention. » Ce respect de soi-même serait, peut-être, la meilleure manière d'honorer réellement la demande de notre enfant. Le respect de soi garantit la pérennité et la stabilité des liens, malgré les secousses de l'éducation. C'est sans doute aussi la meilleure façon d'amener nos enfants à nous respecter.

En fait, l'éducation de nos enfants est cette terrible chance qui nous est donnée de pouvoir nous construire, nous réinventer et nous redécouvrir sans cesse.

Il s'agit de se risquer, oui, toujours et encore. Et, dans ce risque, il y va de l'accomplissement de soi. Avec l'éducation de notre enfant, nous sommes engagés totalement dans la recherche d'une plénitude indéfinissable à laquelle nous aspirons depuis toujours.

INVENTEZ VOTRE EXERCICE !

1. À la fin de ces quelques exercices effectués ensemble, avez-vous l'impression d'avoir découvert quelque chose de vous-même ? Vous sentez-vous plus proche de vous, et de votre enfant ? Éprouvez-vous un peu plus de sérénité en vous ? Qu'est-ce que cela a changé pour vous ? Qu'avez-vous découvert de votre enfant et de vous ?
2. Où en êtes-vous de l'estime de vous-même ? Comment allez-vous faire pour vous respecter davantage ?
3. Aujourd'hui, quel obstacle demeure entre vos enfants

et vous ? Comment pensez-vous aborder le problème ? Maintenant que vous avez l'expérience des exercices, pouvez-vous en imaginer un qui vous aiderait à trouver la solution ?

☐ Vous pouvez interroger à ce propos le site Internet : grandiravecsesenfants.com.

Conclusion

Cette générosité infinie qui fonde les liens entre les parents et les enfants

La vie nous est donnée.

Aussitôt né, l'enfant est redevable, mis dans une position de donataire. Il a reçu la vie de ses parents, et ce don initial crée une dette à la fois indélébile et incommensurable, dont il ne pourra s'acquitter quoi qu'il fasse.

Faut-il le laisser alors s'embourber dans les chemins fatals de la culpabilité ?

Se pose aux parents la question de savoir ce qu'ils font de cette dette. De quoi estiment-ils que leur enfant est redevable ?

Depuis la naissance, les liens se tissent au gré du donner et du recevoir.

Il est essentiel de libérer notre enfant d'avoir à s'acquitter de sa dette, il y a – dans une extrême générosité – à le libérer d'avoir à se dédouaner de ce qu'il a reçu.

La dette qui le relie à nous est tellement immense qu'il ne pourra en aucun cas « remettre les compteurs à zéro ». Vouloir régler sa dette conduit un enfant vers des impasses. Il pourra s'y épuiser toute une vie… En vain. Lui permettre de s'accepter comme débiteur, non redevable, lui donner sans le culpabiliser d'avoir reçu nous libère nous aussi.

Il nous appartient de ne jamais être mesquins avec nos enfants ! Nous y parvenons en les désengageant des dettes qu'ils ont à notre égard.

Donner sans attendre en retour… et une joie indicible allège notre existence. La relation se trouve tout entière transfigurée par cette générosité.

Elle nous libère surtout de l'illusion de posséder quelque chose. En effet, quel pouvoir nous attribuons-nous pour attendre quelque chose en retour ?

L'enfant n'a rien à nous rendre parce que nous ne possédons rien. La vie circule, nous traverse, nous nourrit ; nous la transformons à notre tour, nos enfants la façonneront aussi, mais qu'est-ce qui nous appartient ?

Tout au long de notre vie, les choses se défont de nous. Quand nous parvenons à sortir de cette illusion de la possession, alors nous pouvons éviter de pervertir le don en dépendance, la générosité en aliénation. Nous pouvons éviter le piège qui consiste à donner pour mieux contrôler, pour maintenir une mainmise, pour créer implicitement des obligations. Quand nous imposons à l'enfant de nous rendre à l'identique, nous le tenons prisonnier d'une dette insolvable.

Ainsi, la question de la transmission ne se pose pas tant sous la forme « Qu'est-ce que je transmets ? » que sous la forme suivante : « Qu'est-ce que j'autorise mon enfant à faire de ce qu'il reçoit de moi ? »

Ce que nous donnons à l'enfant ne fait plus partie de nous, la chose donnée est placée inéluctablement hors de nous. Une fois reçue, la chose transmise nous échappe, elle se détache de nous, nous n'avons plus aucun contrôle possible sur ce qui fut donné.

L'enfant est reconnu comme sujet, est aimé dans sa dignité d'être humain quand nous acceptons que ce qui fut donné soit transformé par lui.

Il appartient à notre enfant, pour devenir acteur de sa vie, de modifier, de façonner son héritage, comme nous avons tenté, nous aussi, de transformer celui que nous avons reçu.

La spécificité infinie de ce don, c'est sa mobilité. Il circule de génération en génération. En n'attendant rien de lui, vous ne ferez pas de votre enfant un ingrat, au contraire. Il est amené à donner à d'autres personnes de sa propre génération, à ses frères, à ses sœurs, à ses demi-frères ou demi-sœurs, à ses cousins, à son compagnon, à ses amis, aux générations à venir : ses enfants, ses nièces et neveux.

Dans une histoire familiale, nous ne rendons pas nécessairement à ceux envers qui nous sommes redevables.

Un enfant reçoit de ses parents, en quelque sorte pour redistribuer à d'autres. Élever ses enfants, c'est leur permettre à leur tour de pouvoir offrir, donner, innover un temps futur.

C'est ainsi que nous devenons de véritables passeurs de temps.

Nous avons nous-mêmes grandi en transformant les héritages de nos parents, nous avons inventé, créé notre manière d'être, nous nous sommes ouverts à l'altérité, et c'est en cela que nous sommes devenus plus humains. D'avoir réalisé nous-mêmes ce chemin permet d'ouvrir notre enfant à son humanité. Il peut être citoyen du monde, son individualité n'est pas enfermée de manière étriquée dans les replis de son ego.

Peu importent les nuits blanches, peu importent les colères, peu importent les « loupés », demeurent en nous, au bout de ce parcours, la saveur et l'apaisement d'une réconciliation avec la vie.

Cette générosité, comme un frisson de l'être, nous permet à notre tour de recevoir de nos enfants, de nous remplir de la plénitude de ce qu'ils sont et de ce qu'ils peuvent devenir.

La joie d'être parents, fugitive et exaltante, infinie et fragile, vient nous apaiser l'espace d'un rire, le temps d'un bonheur.

Bibliographie

ABITEBOUL O., *Le Paradoxe apprivoisé*, Flammarion, Paris, 1998.

BACHELARD G., *La Dialectique de la durée*, PUF, coll. « Quadrige », Paris, 1950, rééd. 1993.

BATESON G., *Vers une écologie de l'esprit*, Seuil, Paris, 1977.

BERGSON H., *La Pensée et le Mouvant*, PUF, coll. « Quadrige », Paris, 1938, rééd. en 1993.

BINSWANGER L., *Analyse existentielle et psychanalyse freudienne*, Gallimard, Paris, 1970.

BOSZORMENYI-NAGY I., *Fondations of Contextual Therapy*, collected papers from Ivan Boszormenyi-Nagy, Brunner-Mazel, New York, 1987.

CLANCIER A. et KALMANOVITCH J., *Le Paradoxe de Winnicott*, In press, Paris, 1999.

CYRULNIK B., *L'Ensorcellement du monde*, Odile Jacob, Paris, 1997.

FABRE N., *Le Travail de l'imaginaire en psychothérapie de l'enfant*, Dunod, Paris, 1998.

HEGEL F., *La Phénoménologie de l'esprit*, Aubier, Paris, 1983.

JANKÉLÉVITCH V., *Le Paradoxe de la morale*, Seuil, coll. « Points », Paris, 1981.

LAPIERRE N. et ATTIAS-DONFUT C. (dir.), revue *Communication*, n° 59, Seuil, Paris, 1995.

LEVINAS E., *Difficile liberté, essais sur le judaïsme*, Albin Michel, Paris, 1976.

LEVINAS E., *L'Humanisme de l'autre homme*, Fata Morgana, Montpellier, 1973.

LEVINAS E., *Totalité et infini*, Livre de poche, Hachette, Paris, 1990.

LEVINAS E., *Autrement qu'être ou au-delà de l'essence*, Livre de poche, Hachette, Paris, 1990.

PRIEUR B. (dir.), *Les Héritages familiaux*, ESF/Le monde de la famille, Paris, 2e éd. 1999.

RICŒUR P., *Soi-même comme un autre*, Seuil, Paris, 1990.

ROUSTANG F., *Qu'est-ce que l'hypnose ?* Minuit, Paris, 1994.

ROUSTANG F., *La Fin de la plainte*, Odile Jacob, Paris, 2000.

SELVINI PALAZZOLI M., CIRILLO S., SELVINI M. et SORRENTINO A. M., *Les Jeux psychotiques dans la famille*, ESF, Paris, 1990.

STERN D., *Le Monde interpersonnel du nourrisson*, PUF, coll. « Le fil rouge », Paris, 3e éd. 1999.

WIESEL E. et EISENBERG J., *Job ou Dieu dans la tempête*, Fayard, Paris, 1986.

WINNICOTT D. W., *Processus de maturation chez l'enfant*, Payot, Paris, 1970.

WINNICOTT D. W., *Jeu et réalité, l'espace potentiel*, Gallimard, Paris, 1971.

WINNICOTT D. W., *De la pédiatrie à la psychanalyse*, Payot, Paris, 1969.

Table des matières

Conclusion

Au catalogue Marabout

Psychologie

- **150 tests d'intelligence**
  J. E. Klausnitzer - Poche n°3529
- **80 tests de logique**
  J. E. Klausnitzer - Poche n°3530
- **Aimer tout le monde**
  S. Ananda - Poche n°3642
- **Amour sans condition**
  L. I. Hay - Poche n°3662
- **Analyse transactionnelle**
  R. de Lassus - Poche n°3516
- **Apprivoiser le deuil**
  M. Ireland - Poche n°3677
- **Ce que veulent les hommes**
  Gertsmam, Pizzo, Seldes - Poche n°3672
- **Ces amours qui nous font mal**
  P. Delahaye - Actualité
- **Ces gens qui vous empoisonnent l'existence**
  L. Glas - Poche n°3597
- **Cette énergie qui est en vous**
  Dr. D. Chopra - Poche n°3658
- **Cette famille qui vit en nous**
  C. Rialland - Poche n°3636
- **Cinq entretiens avec le Dalaï Lama**
  Dalaï Lama - Poche n°3650
- **Comment lui dire**
  Dr. C. Foster - Poche n°3596
- **Tout se joue en moins de 2 minutes**
  N. Bouthman - Poche n°3675
- **Communication efficace par la PNL**
  R. de Lassus - Poche n°3510
- **Convaincre grâce à la morphopsychologie**
  B. Guthmann et P. Thibault - Poche n°3574

- **Couple : le check up**
  G. Ambra - Poche n°3670
- **Couple : vivre et grandir ensemble**
  Howell & Jones - Essai
- **Découvrir son profil psychologique**
  G. Azzopardi - Poche n°3592
- **Des frères et des sœurs**
  S. Angel - Poche n°3681
- **Dessinez vos émotions**
  M. Phillips et M. Comfort - Poche n°3643
- **Dictionnaire Marabout des rêves**
  L. Uyttenhove - Poche n°3542
- **Digestion et bien être**
  Dr. D. Chopra - Poche n°3661
- **Dormir enfin sereinement**
  Dr. D. Chopra - Poche n°3659
- **Efficace et épanoui par la PNL**
  R. de Lassus - Poche n°3563
- **Enneagramme**
  R. de Lassus - Poche n°3568
- **États non ordinaires de conscience**
  M. Nachez - Poche n°3640
- **Être la fille de sa mère et ne plus en souffrir**
  P. Delahaye - Essai
- **Force est en vous**
  L. I. Hay - Poche n°3647
- **Gestalt, l'art du contact**
  S. Ginger - Poche n°3554
- **Grand livre des tests de Q.I.**
  A. Bacus - Actualité
- **Guide des fantasmes**
  A. Hesse - Poche n°3567
- **Guide Marabout des Tests**
  A. Bacus - C. Romain - Référence

- **Harcèlement psychologique**
  D. et K. Rhodes - Poche n°3595
- **Hommes, femmes etc.**
  E. Willer - Actualité
- **Intelligence du cœur**
  I. Filliozat - Poche n°3580
- **Interprétation des rêves**
  P. Daco - Poche n°3501
- **J'élève mon mari**
  F. Barjot - Poche n°3676
- **Je t'aime, moi aussi**
  B. Muldworf - Poche n°3674
- **Kilos Ados**
  Dr. A. Cocaul et M. Belouze - Marabout Pratique
- **Langage des gestes**
  D. Morris - Poche n°3590
- **Les triomphes de la psychanalyse**
  P. Daco - Poche n°3505
- **Maîtriser ses phobies**
  Dr. R. Stern - Poche n°3600
- **Méditer au quotidien**
  H. Gunaratana - Poche n°3644
- **Mère Térésa, foi et compassion**
  N. Chawla et R. Rat - Poche n°3654
- **Mesurez votre Q.I.**
  G. Azzopardi - Poche n°3527
- **Méthode Coué**
  E. Coué - Poche n°3514
- **Moments vrais**
  B. de Angelis - Poche n°3646
- **Oser être soi-même**
  R. de Lassus - Poche n°3603
- **Oser briser la glace**
  S. Jeffers - Poche n°3673

- **Parents toxiques**
  S. Forward - Poche n°3678
- **Parle je t'écoute**
  K. Rosenberg - Poche n°3598
- **Plénitude de l'instant**
  T. Nhat Hanh - Poche n°3655
- **Prodigieuses victoires de la psychologie**
  P. Daco - Poche n°3504
- **Plus loin sur le chemin le moins fréquenté**
  S. Peck - Poche n°3639
- **Principe de non-violence**
  J.-M. Muller - Poche n°3657
- **Psy de poche**
  S. Mc Mahon - Poche n°3551
- **Puissance de la pensée positive**
  N. V. Peale - Poche n°3607
- **Que se passe-t-il en moi ?**
  I. Filliozat - Poche n°3671
- **Réussissez les tests d'intelligence**
  G. Azzopardi - Poche n°3512
- **Sauvez votre couple**
  P. MacGraw - Essai
- **Se libérer de ses dépendances**
  P. Senk et F. de Gravelaine - Poche n°3668
- **Se préparer au grand amour**
  I. Vanzant - Actualité
- **Secrets de famille, mode d'emploi**
  S. Tisseron - Poche n°3573
- **Seul maître à bord**
  I. McGraw - Actualité
- **Sexo Ados**
  Dr. C. Solano - Marabout Pratique
- **Testez votre quotient émotionnel**
  G. d'Ambra - Poche n° 3571

- **Tests psychologiques**
  C. Cesari - Poche n° 3533
- **Transformez votre vie**
  L. I. Hay - Poche n° 3633
- **Tremblez mais osez**
  S. Jeffers - Poche n° 3669
- **Triomphes de la psychanalyse**
  P. Daco - Poche n° 3505
- **Trop bien pour partir, pas assez pour rester**
  M. Kirshenbaum - Actualité
- **Vaincre les ennemis du sommeil**
  Dr. C. Morin - Poche n° 3599

Enfants - éducation

- **10 000 prénoms du monde entier**
  P. Raguin - Poche n°3139
- **À ce soir, être mère et travailler**
  T. B. Brazelton - Poche n°3168
- **Ados, comment les motiver ?**
  V. Acker, C. Inzirillo, B. Lefebvre - Poche n°3162
- **Aimer sans tout permettre**
  Dr. F. Dodson - Poche n°3101
- **Au coeur des émotions de l'enfant**
  I. Filliozat - Poche n°3171
- **Bébé dis-moi qui tu es**
  Dr. P. Grandsenne - Poche n°3160
- **Bébé trucs**
  C. Pelle-Douel - Poche n°3179
- **Cent histoires du soir**
  S. Carquain - Poche n°3175
- **Choisir le sexe de son enfant**
  Dr. M. Hautier et R. Seif - Poche n°3149
- **Collèges et lycées mode d'emploi**
  C. Woycikowska - Marabout Pratique
- **Comprendre les besoins de votre enfant**
  Dr. A. Solter - Poche n°3167
- **Comprendre les dessins d'enfants**
  J. Schack - Éducation
- **Comprendre les rêves de vos enfants**
  P. Garfield - Poche n°3150
- **Élever un garçon**
  S. Biddulph - Poche n°3180
- **Enfants en sur-poids**
  F. Arnold Richez - Poche n°3174
- **Et s'il était surdoué**
  S. Gerin - Poche n°3170

- **Fort en maths**
  D. Kimpton - Poche n°3166
- **Grandir avec ses enfants**
  N. Prieur - Poche n°3178
- **Guide de choix des jouets**
  A. Bacus - Marabout Pratique
- **Guide de l'adoption**
  J. Peyré - Référence
- **Itinéraire d'un nouveau né**
  Dr. E. Antier - R. Regard - Poche n°3163
- **Je réussis l'éducation de mes enfants**
  A. Schapiro-Niel - Poche n°3164
- **Jumeaux mode d'emploi**
  P. M. Malmstrom - Éducation
- **Livre de bord de bébé**
  C. Pinson - Livre de bord
- **Livre de bord de votre enfant de 1 jour à 3 ans**
  A. Bacus - Livre de bord
- **Livre de bord de votre enfant de 3 à 6 ans**
  A. Bacus - Livre de bord
- **Livre de bord des prénoms**
  F. Le Bras - Livre de bord
- **École primaire mode d'emploi**
  M. Doriacet M. Zanoni - Marabout Pratique
- **Mon bébé comprend tout**
  Dr. A. Solter - Poche n°3156
- **Officiel des prénoms d'Europe**
  P. Raguin - Poche n°1502
- **Oser dire non**
  A. Phillips - Éducation

- **Parents efficaces**
  Dr. T. Gordon - Poche n°3102
- **Parents efficaces au quotidien**
  Dr. T. Gordon - Poche n°3138
- **Parents si vous saviez**
  T. Joly - Poche n°3157
- **Père et son enfant**
  Dr. F. Dodson - Poche n°3100
- **Plus beaux prénoms originaux**
  F. Le Bras - Poche n°3158
- **Prénoms un choix pour l'avenir**
  C. Mercier - Poche n°3114
- **Questions au spy** (spécial petits)
  A. Bacus - Marabout Pratique
- **Recettes pour bébés**
  Dr. H. Bouchet et B. Marcade - Poche n°3127
- **Secrets des enfants heureux**
  S. Biddulph - Poche n°3181
- **Se faire obeir sans crier**
  B. Unell et J. Wyckoff - Poche n°3169
- **Tous les enfants peuvent réussir**
  A. de La Garanderie - Poche n°3155
- **Tout se joue avant 6 ans**
  Dr. F. Dodson - Poche n°3115
- **Toutes les questions au pédiatre**
  Dr. A. Galland - Poche n°3173
- **Toutes les questions au psy**
  A. Bacus - Poche n°3176
- **Votre bébé de 1 jour à 1 an**
  A. Bacus - Poche n°3120
- **Votre enfant de 1 à 3 ans**
  A. Bacus - Poche n°3121
- **Votre enfant de 3 à 6 ans**
  A. Bacus - Poche n°3122

3178

Imprimé en Allemagne par Elsnerdruck

pour le compte des
Nouvelles Éditions Marabout
D. L. n° 34180 - avril 2003
ISBN : 2-501-03678-6 - édition 02